「龍使い」になれる本

人生を変える聖なる知恵

大杉日香理

SB
サンマーク
文庫

文庫化にあたって

こんにちは。大杉日香理です。

この文庫のもととなる単行本の出版からもう7年がたったのだと、時の流れの速さに驚いています。

当時、龍神に関する本は書店に1冊もなく、制作過程でワクワク感を抱きつつも、この本を手に取っていただけるのかと不安がよぎることもありました。今回の文庫化のお話をいただいたときに、そんなことを懐かしく思い出しました。

この本につながるきっかけは、栃木県日光への巡拝でした。

私は「神旅®」という、神社で行うアクティブラーニングを生業としていて、これまでに延べ2万社の神社を巡拝してきました。２０１４年の夏ごろ、お客様の代わりに必要な神社へと参拝を進めていく中で、「日光に来るように」というオファーがあったのです。

行くからには徹底的に下調べをおこない、日光に関連する全国の神社にもご挨拶に伺って準備万端で、いざ日光へ。いわゆる有名な寺社ではなく、地元の方もあまり立ち寄らないような鬱蒼《うっそう》とした森の神社が目的地。

その神社で「多くの人間に、龍神のことを伝えてほしい」と言われ、私は龍神に関するセミナーを開催することになりました。

そのセミナーの募集チラシを作成し、ＳＮＳに投稿したことで編集の方の目に止まり、龍神の本を書きませんかとご連絡をいただきました。まるで漫画のような実話が展開され、はじめての本の出版へと世界が開いたのです。

龍神とは、地球のありとあらゆる流れそのものです。

まさに「流＝龍」です。

いにしえの人々は、いまの私たちよりも圧倒的に精緻な五感をもっていたのでしょう。いまでしたら気象レーダーで台風もある程度予想できますし、あらかじめ対応策を施すこともできますよね。

しかし、いにしえの時代にはそのように便利なものは存在しません。だからこそ五感を磨き上げ、大自然の流れを感じ、そこから判断のヒントを得ることは生きるために必要な力でした。先人の方々にとっての龍神とは、生活に必須の「大自然の知恵」だったと感じています。

神社とはまさに、そのような感性を豊かに磨き上げ、理性をもって現実に生かすための思考を深める場所であることをお伝えしたくて、この本を書いたことを覚えています。

私も幼稚園のころから神社という場を遊び場にしながら、神話や日本史に興味をもち、境内で子供向けの本を読みふけっていました。

物語に没入し、その世界に想像を膨らませながらワクワクしていると、境内のご神木がさわさわと優しげに揺れている。物理的には風が吹いたからでしょうが、風も地球の大気であり、その大気が風という動きになるための流れは、まさに龍神が動いた軌跡だととらえています。

このような大自然の流れを時流と言い換えてもよいでしょうし、いにしえの人々が感じた龍神としてとらえるとイメージもしやすく、人間同士のように楽しくコミュニケーションを深められます。

この本を上梓《じょうし》してから時代は大きく変わり、2020年からは世界中にコロナが蔓延《まんえん》し、それらの情報を世界中がリアルタイムで共有するという、人類史上初の状況となりました。

日本人が古くから大切にしてきた自然観をベースに、大自然の流れの象徴となる龍神たちとのつながりを深めることは、これからの時代の生き方のヒントになるでしょう。時代は留《とど》まることなく、常に流れを生み出していて、私たちは地球の一部としてその流れを活用しながら人生を進めている。そんなふうに考えると、龍神への理解はよりよい生き方をするための要素のひとつとなるのではないでしょうか。

時を経て、文庫としてお届けできるのは、多くの皆さまが望んでくださったおかげ様です。心からの「ありがとう」を伝えさせてください。

龍神たちはいつでも、あなたと協働することを楽しみに待っています。この本を手にしていただくことで、龍神たちのエネルギーが、あなたの人生の活力となるように願っています。

すべてのご縁に愛を込めて。

神社風土史家・作家　大杉日香理

Prologue

龍の背に乗る「覚悟」はできていますか？

願いをかなえる聖なる存在

この本を手に取っていただき、ありがとうございます。

あなたには、**龍の背中に乗るオファーが届きました。**

龍の背中に乗り、「龍使い」になれば、あなたはいまよりもっと成長します。

もちろん、**物事がうまくいくようになり、願いもかなうようになるでしょう。**

龍と仲良くなって願いをかなえる人を「龍使い」と呼びます。

「なぜこの本を手に取った人が、龍の背中に乗れるの？」と思いますか？

龍は、「人の成長と発展」が大好物。龍は、これから私たちの成長をどんどんサポートして、夢を実現させようとしているのです。

この本を手に取ったあなたの魂は成長したがっているのです。龍からのサインをキャッチしたのです。

もちろん、これからどこまであなたが自分の成長に向き合っていけるか……次第で「龍使い」になれるかどうかは決まります。

「ちょっと待って、龍は人のために働いてくれる存在だったの？」と、疑問に思うかもしれませんね。答えは、イエス！　です。

さきほど龍の大好物としてお伝えしましたが、**龍は、私たちの「成長と発展」を望み、後押ししてくれます。それもすごいスピードで。**

地球が大きく変わろうとしているいま、龍が人間と深く関わり、手助けしてくれる「龍の時代」が始まっています。

龍は人間を助けたくてうずうずしていますから、いま多くのサインを送っています。あなたは、そんな龍のサインをキャッチしてこの本を手に取ってくださいました。


「これから、私の背に乗るか？」龍から私へのオファー

この本では、龍の後押しを得て、人生が発展する方法をお伝えしていきます。

その前にまず、私と龍との関わりについてお話しさせてください。

私と龍とのコンタクトは、30年ほど前に始まりました。

家族で東北に旅行したときのこと。連なる山々の向こうに、大きな帯状の物体が動いているのを見たのです。ゆっくりとうねるように移動するその物体は、影のようでもあり、**巨大なエネルギーのかたまり**のようでもありました。

当時小学生だった私は、直感的に龍だと思いました。

幼いころから、自然の中にいる精霊や神様、妖精など、目には見えない存在たちと交流していたので、すぐにわかったのです。

その後、折に触れて龍とのご縁はあったのですが、大きく関わるようになったのは、2011年5月の出雲《いずも》旅行がきっかけでした。

すでに、神様と人間とのご縁つなぎを仕事としていた私は、有志の方たちとのプライベートな旅行で出雲を訪れ、出雲のある神社にお参りしました。

そのとき、龍が現れ、「これから、私の背に乗るか？」と尋ねたのです。

「龍の背に乗る」とは比喩的な表現です。**龍と個別に契約を結び、人生を後押ししてもらうことを指します。**

龍の背に乗った状態になると、それまでの何倍もの速さで物事が展開し、願いがかなっていきます。「奇跡だ！」と言いたくなるようなことも、たびたび起こります。

このとき、**私は龍のオファーを受けました。**

そこから怒濤《どとう》のようにさまざまなことが起こり、株式会社を設立。売上は右肩上がりで伸びつづけています。

龍の背に乗って以来、**出会う人の質が変わり、次にやるべきことが明確にわかるようになりました。**

また、行動の結果が確実に積み上がっていくのを、実感できるようになり、**セレンディピティ（幸せな偶然やラッキーな出来事）が次々に起こりはじめました。**

いまも、1年ごとに新しい龍に乗り換えながらおつきあいを続けています。

龍の背中に乗って、人生を加速させている方々の声

龍の背中に乗った体験は、私だけに起きた特別な話ではありません。

たくさんの方がいままで龍と関わり、素晴らしい人生の展開を体験してい

ます。

私は、「神旅®」という神社での屋外セミナーや、潜在意識や思考転換法をお伝えするセミナー、そして「龍使い®養成講座」という龍とのご縁つなぎのセミナーをしています。そこで多くの方が龍神とのご縁を結び、たくさんの喜びの声をいただいています。ほんの一部ですが、ご紹介しますね。

✴縁あって大杉日香理さん主宰のセミナーに参加しました。大杉さんがメッセージを伝えてくれたのですが、**龍神から「全国にご縁を広げるが、覚悟はできていますか？」**と言われました。私はわけがわからないまま「はい！」と答えました。当時は、専業主婦から明確な目的もなく起業したばかりで、オリジナルのセラピー講座をメインに活動していました。受講生には転勤族の妻が多く、気づけば、各地でオリジナルセラピーを広げていってくださり、全国へと広がっていきました。その後は、**有名講師から集客を依頼されるようになり、その実績を買**

われて会社役員になりました。現在は会社役員として、社内のマネジメントにも携わっています。（I・Kさん／50代女性）

✳私はいろいろと抱え込んでしまうことが多く、人にお願いするのも苦手だったのですが、最近、**スルッと人に頼めたことがあって不思議な気持ちを味わっています。**（C・Mさん／30代女性）

✳何でしょう、この感覚は？　毎日少しずつ忙しくなり不思議な感覚です。ずいぶん久しぶりの人から連絡があったり**会いたい人に会えたり、仕事もなんとなくうまくいき、本業以外からの収入もあり驚きを隠せません。**人間関係のわずらわしさも軽減しているようです。（T・Tさん／40代女性）

✳4年ぶりに仕事に復帰したのですが、自信をなくしていた私にメンバーから自信もっていいよ！　と言われ、別の日には親子ワークショップでセンスがいいとすごくほめられました。また、別の日にも……。**自分の才能を人から認めていただくことが続きびっくりしました!!**なかなか自信を取り戻せなかったので龍の効果に感動しました。（Y・Mさん／40代女性）

✳展開が速く、社内でのポジションが変わって想像もしなかった状況下にいます。新たに経験を積み上げていく必要があり、**龍の背に乗りながらも、流れが速すぎて振り落とされないかと心配にもなるくらい**です。でも、そこに焦りはなく、加速度を増して上昇できるのだろうという感覚があります。（Y・Iさん／40代女性）

✳神旅®で江の島に行ったときのことです。ここは龍神とつながりの深い場所だそうですが、神社に向けて手を合わせると、**たちまち感動で胸がいっぱいになって涙があふれ、号泣しそうになりました。**胸の中心をドスンとゆすぶられた感じでした。龍神って、情熱的なのかな？

（R・Aさん／50代男性）

「龍使い」に名乗りを上げよう！

このように、龍は運を大きく変え、想像を超えた速さで人生を好転させてくれます。

開運の勢いをたとえるなら、ロープウェイでビュンと山頂に着くようなスピード感です。人間が息を切らせて数時間がかりで登る山でも、ロープウェイを使えば、ほんの10分程度で登れてしまいますよね。

龍の力を借りると、そんな速さで物事が展開していきます。

その代わり、人間のほうもいままで通りというわけにはいきません。

新しい運気に見合うだけの成長や努力が求められます。

でも、そんなにむずかしいことではないので、安心してくださいね。自分にできることを楽しくやる。これが、龍とのおつきあいの基本です。

「龍使い」といっても、龍を乗り回したりあやつったりする人ではありません。

「龍使い」とは、世のため人のために自分を生かすことを目的として、龍の力を借りる人。龍とタッグを組んで、彼らに助けてもらいながら結果を出し、共存していく関係を築ける人です。

この本は、そんな「龍使い」になるための本です。

これから、私が龍との関わりの中で学んだことをお伝えしながら、龍と良好な関係を結び、幸せな人生を送っていく方法を紹介していきます。

Chapter 1では、龍についての基本的な知識をお伝えします。

Chapter 2では、「龍使い」になるための基礎である人間の体と魂のしくみについてご紹介します。ここでは体を使う簡単なストレッチで、あなたの魂の感度を上げる方法もお伝えします。

Chapter 3では、「龍使い」となるためにもっとも重要な心の法則についてお話しします。

そしてChapter 4で、龍と仲良くなるために日常でできることや、龍に願いをかなえてもらう具体的な方法をご紹介します。

さらにChapter 5では、龍の種類についてくわしくお教えします。また、龍に会える神社やスポットのリストも掲載していますので、ぜひ参考にしてください。

いま、地球上にはたくさんの龍が存在しています。「そこらじゅうにウヨウヨしている」といってもいいくらいです(笑)。

もちろん、あなたのまわりにも数多くいます。そして、あなたに手を貸したくて仕方がない龍たちは、いまもどんどん増えつづけています。

それが龍の時代なのです。**龍の時代に変わるということは、龍と人間の距離が近くなること。そして、変化のスピードが急激に速くなるということです。**

まさに、打てば響く時代になりました。いまがチャンスのときです。

「龍使い」として名乗りを上げ、彼らの背に乗ってください！　龍は、そんなあなたを楽しみに待っています。

覚悟は、できましたか？

龍の背に乗る覚悟ができた方から、読みすすめてください。

大杉日香理

「龍使い」になれる本　目次

Chapter 1
地球を守り、人に成功をもたらす「聖なる存在」とは？

Chapter 2
龍とのファーストコンタクトを成功させよう
～龍使い養成講座1～

Chapter 3
運の流れに乗るための心の法則
～龍使い養成講座2～

Chapter 4
確実に願いを届ける方法
〜龍使い養成講座3〜

Chapter 5
さまざまな龍とつながれば人生は劇的に変わる
～龍使い養成講座4～

Epilogue

龍の時代になったいま必要なこと

イラスト：竹熊ゴオル
編集協力：江藤ちふみ
株式会社ぷれす
編　集：金子尚美（サンマーク出版）
佐藤理恵（サンマーク出版）

Chapter 1

地球を守り、人に成功をもたらす「聖なる存在」とは？

あなたの知らない龍の役割

龍は、一言でいえば「地球を守る存在」。

龍というひとつの「種族」です。

彼らは、**地球という生命体を維持するために働き、その一環として、人間に対しても惜しみない後押しを与えてくれます。**

彼らの動きの特徴は、とてもダイナミックなこと。

たとえば、人間が本州の端から端まで徒歩で移動しようと思ったら大変ですね。

でも龍にとっては、そのくらい朝飯前。一瞬で移動します。圧倒的な速さで移動しながら、地球や私たちを守っている。それが、龍たちです。

では、龍はどんな姿をしていると思いますか？

じつは、彼らの姿形を私たちはすでに目にしています。

仏堂や社殿で、アニメやファンタジー映画などで、龍の絵や彫刻をよく見かけますね。

実際に存在する龍は、あの龍たちと、とても似た姿をしているのです。

そのエネルギーはもっと強烈で大きいのですが、基本的なビジュアルはほぼ同じ。

そんな龍たちが、**エネルギッシュに地球上を動き回り、自分たちにできることはないかと探しています。**その気持ちを表現するなら、「人間に手を貸したくて仕方ない×100」くらいです（笑）。

それって、とても心強くありませんか？

いつでもその背中に乗っていいのなら、頼もしくありませんか？

これから、龍についてあなたが知らなかったこと、誤解していたことを明らかにしていきます。きっと彼らのことを身近に感じていただけると思いますよ。

龍には、さまざまな格や種類、得意分野があります。

「龍神」と呼ばれる格の高い存在から、本当に身近にいて人間を助けてくれる龍まで。

大きさも色も存在感も、千差万別です。

もっとも格の高い龍神は、地球を取り巻いて覆うほどの大きさです。人間がその目でとらえることは、とうていできません。

でも、数十メートルくらいの大きさで人間が親しみやすい龍もたくさんいます。

天に拡散するエネルギーをもつ龍、地のエネルギーを管轄する龍、水を司《つかさど》る龍、風をあやつる龍、光を自由に使う龍……。

龍はさまざまな自然現象と関わり、地球のエネルギーを調整しています。

地球は火・風・土・水など、いろいろな要素によって成り立っているので、生き物の命を守り育むために、さまざまな要素を司っているのです。

龍の放つエネルギーは、らせん状に放出されます。

2本の線が絡み合った人間のDNAの形を思い出してください。ちょうどあのような、らせん状です。

神社の拝殿などにかけられている注連縄《しめなわ》も、らせん状ですね。「らせん」という形は、物事や生命の根源に働きかけ、人や運をどんどん発展させていくエネルギーをもっています。

龍は、そのらせんパワーで地球を守り、私たちを成長させ発展させる力を生み出しているのです。

地球を維持できるくらいの力が個人に向くので、物事や状況を変えていくスピードもジェット機並みに速いというわけです。

どこからやってくるのか？　なぜやってくるのか？

では、龍ってそもそも何なのでしょう。

龍自身、地球や私たちと同じように「命」をもっています。

人間や動物と同じ「生き物」であり、「生命体」です。

本来、**彼らは地球と別次元にいます。**そこから移動して地球に存在し、この星に影響を与えているのです。

龍が生命体!?　別次元にいる!?　……ちょっと唐突かもしれませんね。補足しましょう。

いま私たちが存在する三次元は、ブドウの房についている丸い実のひとつだとイメージしてください。

龍は、そのとなりにある別の実（次元）にいる生命体です。そこから地球に来ています。次元と次元の間には、エネルギーの境界線がありますが、龍はその境界線を越えて、次元間を行き来できるのです。

では、何をしに来ているかといえば、さきほどお話ししたように、**地球という星を守るため**です。

「ブドウの実」は、ほかにも「神様の次元」「天使の次元」「この世を旅立った人間の次元（俗にいう〝あの世〟）」など**いくつもあり、お互いに影響を与え合っています。**

ですから、地球やそこで生きる私たちの元気がなくなると問題です。龍や神様たちの生命力も落ちてしまいます。

同じ房にあるブドウの実がひとつしぼむと、周囲の実も遅かれ早かれ一緒にしぼんでしまいますね。それと同じように、**三次元のパワーが落ちると、同じ宇宙にある龍の次元や神様の次元も影響を受けてしまう。**そんな関係だと思ってください。

だから、龍は次元を越えて、地球を助けに来てくれているのです。

このことについて、龍は次のように説明してくれました。

「宇宙をひとつの生命としたとき、地球は細胞のひとつである。その地球が萎縮してしまうと、宇宙のエネルギーも弱まり、最終的には宇宙自体が存在できなくなってしまう。だから、地球という細胞のエネルギーがきちんと循環するように働きかけ、地球を守っているのだ」

つまり、龍と私たちは、お互いが成長し合えるように助け合い、共存共栄していく関係なのですね。

自然災害は龍のせい？

でも、こんな疑問も浮かんできませんか？

「龍を怒らせると災いが来る」「天災は龍神のたたりだ」などと聞いたことがあるし、龍が人を襲ったという伝説も残っている。龍って、怖い存在じゃないの？

はっきりいって、それは「冤罪《えんざい》」です。

たしかに龍は強いエネルギーをもっています。天候や自然現象に影響を与えることもできます。けれど、人間に災いをもたらすために、その力が使われることはありません。

それどころか、**龍は災害がなるべく小さくなるように、地球を守ってくれています。**

地震や噴火、台風などは、人間にとっては「災害」ですよね。

でも、地球が生命体である以上、ある程度の地殻変動や気候の変動は免れません。

それらは人間にとっては厳しい現象ですが、地球という星のエネルギーを調整するためには仕方ない。そういう側面をもっています。

ですから、人間が「地震や噴火が起きないでほしい」と願うのは、地球に「息をしないでほしい」と言っているのと同じなのです。

でも龍は、地球が放出するエネルギーを分散させ、うまく対流させてくれます。

そして、「10」の大きさの災害が、「3」や「4」になるように調整してくれているのです。

では、なぜ龍は「悪者」になってしまったのでしょう。

それは、龍のエネルギーが人間に比べてあまりにも強大だからです。

エネルギーが強い存在に対して、人は畏《おそ》れを感じます。

龍の存在も自然の起こした災害も、人間にとっては同じように脅威だったに違いありません。計り知れない天災の原因を、龍のしわざに違いないと昔の人がとらえたのも無理はないのです。それほど、龍は深く人間と関わってきたのでしょう。

そんな龍に感謝して、**人間が「私たちを守ってください」と祈ると、その祈りは龍に届きます。**すると、ますますパワーが強くなり、さらに張り切って、天災から人間を守る堤防の役目を果たしてくれます。

龍と人間の関係は「大人のつきあい」がベスト

龍は、もともと人間のことが大好きです。

でも、フレンドリーというよりも、どちらかというと大人同士のクールなつきあいが好み。いつもべったり一緒にいる仲良し同士になるより、成長しようとする人間のサポートをしたい。それが龍の望みです。

だから、ときに龍は少し厳しくもあります。

彼らの嫌いな行動をとってしまうと、離れていったり、成長のための試練

を与えたりすることもあるのです。

でもけっして、人間をいじめようとか傷つけようと思っているわけではありません。人間側によくなろうとする姿勢があれば、必ずきちんと見守り、サポートしてくれます。

龍のキャラクターをイメージするのに、最適な人物がいます。

それは、元祖スポ根アニメ『エースをねらえ！』に出てきた宗方コーチです。

古いアニメなので、ご存じない方のためにご説明しますね。

宗方コーチは、ヒロインの高校生・岡ひろみのテニスコーチです。岡の才能を見出《みいだ》し指導していきますが、常に厳しく、けっして甘やかすことはありません。岡が泣き言を言っても、冷徹に突き放します。しかし、その厳しさはすべて、彼女を育てるため。彼は広く大きな愛情で、愛弟子《まなでし》の才能を開花させていきます。

龍のあり方は、まさにこの宗方コーチそのもの。龍は、私たちが成長しつづけることを常に望み、そのために最大の援助を与えてくれるのです。

そんな龍とは、「大人な」つきあいが基本です。少し砕けた言い方ですが、ちょっと気が張る間柄のダンディーな先輩と、夜のバーにお酒を飲みに行く。そんな関係だと思ってください。

その代わり、**龍と関わること、関わろうとすることで、私たちはグンと成長するし、運も大きく上昇します。**

その勢いは、細長い風船が威勢よく空に上がるさまに似ています。そう、バルーンアートにも使われるスティック状の風船です。

あの風船を膨らませて手に持ち、指をパッと放すと、打ち上げ花火のようにピューッと空に向かって飛んでいきますね。それと同じ勢いで、物事が動きはじめるのです。

自分自身の成長のためにも、**龍とは、なれあいではない一定の緊張感のある関係を作ることが大切**なんです。

でも、気を使いすぎたり、怖がったりする必要はありません。むやみに怖《おそ》れられるのを龍は嫌います。

節度や努力は必要ですが、**おつきあいの本質は「気楽」で大丈夫。**ガチガチに力が入っていると、物事はうまく流れないですよね。気を「ラク」にして心身とも適度な余裕やゆるみをもたせなければ、エネルギーはスムーズに巡りません。

だから、リラックスして楽しみながら、龍使いへの道を極めていきましょう！

「龍使い」は4つの不思議な力を得る

龍のサポートを受けたら、どんな変化が起きるでしょう。

龍にできることを大きく4つに分けてお話しします。

①人間の魂を成長させてくれる

龍がもたらす成長とは、考え方や生き方がより成熟し、人間性が磨かれるということです。究極的には、私たちの「魂」が成長することを指します。

そのために、ときにはあえて、アクシデントやトラブルに見える出来事を彼らが起こすこともあります。また、望んでいない方向に私たちの運命を、いったん向かわせることもあります。

でも、**結局はそれが福に転じます。**「こんなはずじゃなかった！」と思うことが起きたときこそ、龍の後押しを信頼して、くさらず明るく努力することが、大きな学びとなって、魂の成長につながります。

②次元を越えて、望む未来へ移動する（パラレルワールドに移動させてくれる）

龍は次元を越え、「ブドウの房」（宇宙にある複数の次元の比喩。34ページ参照）を自由に行き来します。そして、別の次元に存在する神様と人間をつなぎます。

また、人間の願いを聞き届けて、**望む未来へ先回り**して行くこともできます。そこから采配をふって、現在の環境や人間に働きかけ、リアルな世界での運命を変えるのです。

人間の側からすれば、次のような変化が起こります。

いきなり大きなチャンスが舞い込む、長年の問題がスルスルッと解決する、栄転や大抜擢《だいばってき》など突然の大出世をする、周囲の環境がガラッと変わる……。

まるで、それまで一進一退だったすごろくの目を一気に進んで「上がり」になるような変化です。あるいは、将棋で王手をかける一歩手前で、まったく新しい将棋盤に変わって勝負が再スタートするような展開です。

「え、世の中ってこんなことがあるんだ！」と思うような変化が起きたら、それは龍が関わっていると考えてほぼ間違いないでしょう。

③場所のエネルギーをワープさせ、使わせてくれる

龍は、どんな場所でも自由自在に移動できます。

日本には、富士山と江の島、出雲《いずも》と熊野など、古くからエネルギー的につながっているといわれる場所があるのをご存じですか？　このような場所を「龍脈がつながっている」といいます。こんな場所がほかにも多数あり、龍はその間を自由に飛び回っています。

ですから、離れた聖地にいる**神様のパワーを人間に運んだり、人間の願いを聖地に運んだりする**のは、得意中の得意です。

④心身を活性化させる

龍とつながりをもつようになると、**体が細胞レベルで元気になり、若返ります。**龍が、心と体を動かすエネルギーを活性化させてくれるからです。

あなたは、人を動かすエネルギー源は食べ物だと思っているかもしれません。

しかし、人間はほかに2つのエネルギーを使って生きています。

「御神気」と「細胞」です。

この2つに、龍は大きく関わります。

「御神気」とは、その名の通り神様の「気」のこと。言い換えれば、神様からいただくエネルギーのことです。私たちを動かすガソリンといってもいいでしょう。

「細胞」は、言うまでもなく私たちの体を構成する組織で、ひとり37兆個あるとされています。その細胞の一つひとつがエネルギーをもち、命を支えているのです。

3つのエネルギーをバランスよく使うと、自分を生かす道につながっていきます。生きるためのエネルギーがみなぎり、前向きに行動できるようになります。

ところが、現代では食べ物以外の2つがほとんど見落とされ、非常にバランスの悪い状態です。でも龍とつながることで、御神気と細胞のエネルギーが補充され、心身ともにパワーに満ちた状態になれるのです。

龍とつながれば体のスペックが上がる！

「④心身を活性化させる」をもう少しくわしくご説明しましょう。

龍とつながって心身が活性化することで、次の3つのことがあなたに起こります。

エネルギッシュに行動できるようになる

龍は、神様と人の橋渡しをして、御神気が人間に流れるように導いてくれます。神様からの御神気が流れてくると、**自分の本当にやりたいことや心から願っていることが何かわかり、普段の行動に生かせるようになります。**だから、気力が充実し、何事にも積極的に取り組めるようになるのです。

過度な落ち込みがなくなる

龍の助けで御神気が流れてくると、**不要な落ち込みに悩まされることがなくなります。**

また、人を攻撃したり、傷つけたりすることも減っていくでしょう。怒りやイライラ、不安が減り、理性的に行動できるようになっていきます。

体のスペックが上がり、若返る

普通の人が実際に使っている細胞エネルギーは、ほんの7％くらいだといわれています。日々のストレスや疲れで、細胞のもつエネルギーはかなり弱まっているのが現状です。

龍は、**細胞がエネルギーでパンと張った状態にして、若返らせます。**

具体的にいうと、髪や爪が伸びるのが早くなったり、肌のツヤやハリが出て、若々しくなったりします。御神気も巡りやすく、もともと備わっていたスペックが十分使えるようになり、「バージョンアップした自分」に変わっていきます。

数字ではかれる結果を出すことも大得意

これまで見てきた「龍にできる4つのこと」は、現実の中で次のような出来事になって現れます。

魅力が増し、人気が出る。ご縁つなぎをしてくれる

細胞が元気になると、オーラがパッと明るく輝きはじめ、存在感が強くなります。まわりからも「最近、元気だね」「なんだか、いつもと違うね」と言われるようになるでしょう。

誰でも、光り輝いている人のそばには寄っていきたくなるものです。生命

力のある人の近くに行くと、自分も元気をもらえるような居心地のよさを感じますから。

だから、龍とつながったあなたは**人気者になり、人がどんどん集まってくるようになる**はずです。

もちろん、人が集まればお金も情報もチャンスも集まります。

龍はさまざまな神様とつながっていますから、人やものとのご縁をつなげるのも得意です。ひょんなことから、出会いたい人と出会えたり、行きたい場所に行けたりする機会が増えていくでしょう。

営業成績や収入などの「数字」が上がる。結果がはっきり出る

数字ではかれる結果を出すこと、技能や技術を向上させることは、龍の得意分野です。本来、地球を維持するほど大きなエネルギーをもっていますから、それこそ、**トントントーンと駆け上がっていくような速さで結果が出ます。**

仕事の業績や収入をアップさせる、スポーツで結果を残す、特定の技術を

習得するなどは、お手のもの。自分の力だけでやろうとすると何年もかかることが、数か月で可能になります。

また、歌やダンス、演劇、楽器演奏など芸事の上達、婚活や受験、就職や引っ越しなど、結果がはっきりと出る願い事を後押しするのも得意です。

「ゾーン」に入りやすくなる。ひらめきやシンクロニシティが訪れやすくなる

よく一流スポーツ選手がずば抜けた成績を挙げたとき「ゾーンに入った」と言いますね。ひとつのことに集中して、自分の能力を最高に発揮できる状態。それでいて、感性が研ぎ澄まされ、冷静でいられる状態。龍と関わりをもつようになると、そんな状態に入りやすくなります。

だから、仕事中あっという間に時間がたち、気がつくと驚くほど仕事がはかどっていた。それまでできなかったことが難なくできるようになった。そんなことが起こりはじめます。**最高のパフォーマンスが無理なく発揮できるようになる**のです。

また、仕事や問題解決に役立つアイデアがパッと浮かんだり、直感が冴《さ》えたりするなど、感覚が鋭くなったと感じることもあるでしょう。

さらに、よい情報をもたらしてくれるメールがメールボックスの中で光って見えたり、運気アップのために訪れたほうがいい場所や集まりが、ひらめきや直感という形でわかったりするようになります。

祈りが通りやすくなる

龍は、私たちの祈りを神様のもとに、迅速、そして確実に運んでくれます。

「この祈り、きちんと届けてね！」とお願いすると、ひとっ飛びで届けてくれるのです。

たとえば、遠方の神社の神様のところに行きたくても時間が取れない場合もありますね。そんなとき、**龍があなたの代わりになり、その神様のもとへ飛んでくれます。**

ただし、龍に頼りっぱなしというわけにはいきません。人間もやるべきことをやる必要があります。でも、基本的なことをやるだけで大丈夫。

もし受験に合格したいのなら、ちゃんと試験を受けに会場に行くこと。それだけでいいのです。もちろん、勉強は必要です。でも、なりふりかまわずがんばったりしなくても、自分の力をしっかり発揮できます。

ほかにも、早急に手を打たなければならないのに自分では動けない場合、龍にお願いすることで、**思わぬところから助け船が来たり、予想外の出来事が起きて事態が好転したりする**ことがよくあります。

就職活動が誰よりもうまくいった秘密

龍がどんなふうに人間を助けてくれるか、私自身の就職活動の例をご紹介しますね。

当時は就職氷河期です。短大2年の夏休み、同級生たちは就活に奔走していました。

しかし私は、就活を一切しなかったのです。短大最後の夏を、もっと自分の好きなことに費やしたかったからです。

普段から、遊びと勉強のメリハリをつけ、学業や学内活動は自分なりにしっかりやってはいました。

でもあとは、**まさかの「龍頼み」**。短大では栄養学を学んでいたので、龍神の祀られた神社に行き、次のように自分の希望を伝えました。

「病院栄養士として働きたいという希望をもっています。自分にとっていい出会いがあり、成長できるところに就職させてください。ご縁をいただいたお話は必ず受けます。どうぞ、よろしくお願いいたします」と。

祈りの届け方は経験的に知っていましたし、その祈りを龍神に受け取ってもらったこともわかりました。

とはいえ、まわりは就活に必死です。さすがに少し、不安がよぎりました。

でも、「この件はもう、龍神に預けたのだから」と私は考え、その後は実家の手伝いや自分が興味をもったことを思いきりやって、夏休みを過ごしました。もちろんその間、就活と名のつくことは何ひとつやらずに……。

そして9月に入ってすぐ、私は就職課に呼ばれたのです。

行ってみると、就職課長から2つの働き口を紹介されました。病院栄養士と研究職の栄養士です。迷わず病院栄養士を選び、面接へ。**その結果、私は同級生の中で一番早く就職先が決まったのです。**

あとで聞くと、面接とは名ばかりで、学校推薦でほぼ内定していたそうです。

ここでのポイントは、3つあります。

やるべきことは、**自分なりにしっかりやっていたこと。**

きちんと祈りを届け、あとは**信頼して、自分のやりたいことを一生懸命やっていたこと。そして、話が来たら四の五の言わずに受けると決めていたこと**です。

このエピソードを読んで、あなたは「自分はやるべきこと、やれてないからダメだ」と思うかもしれません。でも、それはあくまでも「あなたの基準」です。自分に厳しくしすぎないでくださいね。

また、いつからでも「やるべきこと」をやることはできます。**龍は、「前向きに行動しよう」という姿勢自体を見るのです。**

私の場合は神社へ参拝に行きましたが、もし行けない場合は、いまあなたがいる場所から祈りを届けることもできます。

祈りの届け方や普段の心がまえはこれからお話ししていきますので、ここでは、龍が願いをかなえる具体的なプロセスをわかっていただければと思います。

ちなみに、この就職先で私は夫となる男性と出会います。そしてまた、**龍に結婚という願いをかなえてもらう**のですが、それはのちほどお話ししましょう。

ここまで、龍が人間に対してできることについて見てきました。

でも、ちょっと不思議に思いませんか?

肉体をもたない龍が、なぜ現実世界で私たちの後押しをできるのでしょう。

これから、そのしくみについてお話ししていきます。

神様は龍に乗ってやってくる

まず、私たちが共存している神様のお話から始めましょう。

少し寄り道になりますが、龍や神様と人間との関係を知ることは、龍を使うための基本となるだけでなく、運を上げる基礎作りになります。

ここは、丁寧にお話ししていきましょう。

宇宙にある複数の次元の中で、とりわけ私たちと縁が深いのが「神様の次元」です。

昔から日本には、「八百万《やおよろず》の神」がいるとされてきました。その言葉通り、日本の国土や私たちは、数多くの神々に守られています。

アマテラスオオミカミ、ニニギノミコト、コノハナサクヤヒメなどの神様の名前は、あなたも耳にしたことがあるのではないでしょうか。

『古事記』や**『日本書紀』に登場するこれらの神様は、伝説の存在ではありません。実際に「生命体」として存在します。**

ただし、ひとりの「人」として存在するわけではありません。その神様の**「働き」をする生命体が、同時に複数いると考えてください。**

そして、ほかにも多くの神様が、この世界にはいらっしゃいます。

神社や古くからある聖域に行くと、そこだけ空気が凛《りん》として、神々しい気持ちになりますね。これは、私たちが神様の御神気を感じ取っている証拠です。

龍と同じように、神様にもさまざまな個性と格があり、私たちを助け導くために、この三次元に来ていらっしゃいます。神様の次元も、龍の次元と同じように、人間界の成長が大きく影響を受けるからです。

ただし、神様は別次元の存在ですし、肉体もありません。ですから、この物質世界に存在するためには、何かに宿る必要があります。

神々が宿るのは、社寺の境内や聖地にある岩や木、水、雲、土地そのものなどの自然物です。これを「依り代《よりしろ》」といいます。神社のご神体や神社のある聖地そのものに宿る神様も、いらっしゃいます。

「宿る」というと、仮住まいしている印象がありますが、神様の時間の尺度は人間と違います。神様の**「一泊」が人間にとっては「何百年」にも値する**ことも……。ですから、私たちにとっては、神様がずっとそこにいらっしゃるのと同じなのです。

そして、格の高い神様が動くと、エネルギーが大きい分だけさまざまな影響が出ます。龍は次元間を問題なく行き来できるので、**龍に乗ってこの世界に来られます。**

あなたを守る産土神とともに働く

格の高い神様だけでなく、地球にはもっと身近な神様が数え切れないほどたくさん存在します。

土地や自然物に宿る、「土地神様」と呼ばれる存在です。

その数は、人口の何倍にもなります。日本が「神の国」といわれるのは、けっして言葉だけのことではないのです。

ここで、あなたにぜひ知ってほしいのは「産土神《うぶすながみ》」の存在です。

土地神様の中には、**ひとりの人間が生まれたときから死ぬまでマンツーマンでついて、その人の人生を守り導く神様がいます。それが産土神です。**

このようにお話しすると、「ああ、実家の近くにある神社の神様のことですね」「お宮参りをしたお社の神様ですか」と言われるのですが、そうではありません。

母親の胎内にいるときに過ごした場所で、あなたの産土神が決まります。

産土神は、人間の後押しをすることで、その人間を成長させます。そしてまた、自分自身も成長していきます。

神様としては格が低いので、**産土神は成長する必要があるのですが、そのためには人間を育てることが一番の近道**なのです。

あなたが運を上げたいと思ったとき、ひとつの鍵となるのがこの産土神です。

龍は、産土神とともにあなたを成長させ、運を開いていくのです。

私が産土神の存在をはっきりと認識したのは2004年、父が他界したときのことでした。父は転倒がきっかけで1週間ほど寝込み、そのまま旅立ちました。その看病でたまたま病室に行ったとき、父の産土神が見えたのです。

普通、産土神は、人の背後にフワッと寄り添うように存在し、その人を守っています。しかし、人間の死期が近づいたときは何倍にも大きくなり、人の体をきれいな光で包み込んで、あの世へと連れていってくれるのです。

当時の私は、自分の「見えないものを見る力」にフタをした普通の専業主婦でした。ですから、病室に入って、部屋いっぱいに広がる光を見たとき、「わ、なんて太陽のようなまぶしい光だろう！」と心から驚きました。

でもすぐに、子どものころの記憶がフラッシュバックのようによみがえってきたのです。自分がいろいろな存在と交流していたころのことが……。

その出来事をきっかけに、私はさまざまな勉強を始めました。また、過去の記憶を辿《たど》りはじめました。そして、あの太陽のようなまぶしい光が、私たちの人生を守ってくれる産土神だと知ったのです。

龍とつながり、御神気で満たされてくると、産土神の働きが活性化します。

元気になった産土神は、他の神様とコンタクトを取りはじめ、「井戸端会議」を始めます。

会議の結果どうなるかというと、あなたの運気を上げるために、現実世界でさまざまな人や環境が動き出すのです。また、龍自身も時空をワープして、あなたのためにさまざまな神様や人とのご縁をつないでいきます。

結婚の夢を30分でかなえてくれた龍の力

龍の采配は驚くほど早く、そしてときにユニークです。

さきほど、はじめての職場で夫となる男性に会ったお話をしました。どんなきっかけで彼との結婚が決まったのか、その経緯をお伝えすれば、**龍の采配がどんなものか**わかっていただけると思います。

同僚だった夫とは、働きはじめた年のクリスマスにおつきあいをスタートさせました。そして年明けの3日、私たちは初詣デートに行きました。

といっても勤務先は病院でしたから、年末年始も職員は交代で勤務します。その日は仕事帰りに、職場から15分ほどの神社にお参りしました。

そのときは意識していなかったのですが、それは**龍神がいらっしゃる都内でも重要な神社のひとつ**でした。

私がお願いしたのは、「どうぞ、この人と結婚できますように」ということ。それを、**龍神はなんと30分後にかなえてくれた**のです。

「事件」は、参拝後すぐに起こりました。参道を出たところで、噂《うわさ》好きのパートさんとばったり出くわしたのです。

あたりは、もう真っ暗です。パートさんは驚いた顔で私たちを見ると、「あら～、こんな遅くにどうしたの!? お邪魔だったかしら！」と言いながら去っていきました。

彼は19歳年上のベテラン職員で、私は短大を卒業し前年春に勤め先に入ったばかり。しかも、職場が目の回るほど忙しい年始のデート。翌日から噂になるのは決定です。

そのとき彼が、「パートさんに噂されてダメになったカップルが多いんだよね」とポツリと言いました。

「噂になるなら……」と、30分後、私たちは結婚を決めたのでした。

龍が関わると、「ここぞ」というときにこんな出来事が起こりはじめます。

どうぞ楽しみにしていてくださいね。

現実世界があってこそ、見えない世界がある

Chapter 1では、一般的に考えれば「不思議な話」をしてきました。次の章からも引き続き、目に見えない世界の龍や神様、魂についてたっぷりお伝えしていきます。

ここで、ひとつだけ覚えておいていただきたいことがあります。

それは、**「現実世界があってこそ、見えない世界がある」**ということです。

つまり、「現実の生活でよりよく、幸せに生きるために、見えない世界の情報を知り、後押しをいただく」というそのスタンスを、忘れないでいただきたいのです。

興味本位で情報だけを追いかけ、現実をおろそかにしていては、見えない世界からの後押しはやってきません。

龍も神様も、私たち人間がより幸せに生き、成長していくために、この三次元に来ているのですから。

お互いが同じ「生命体」として尊重し合い、助け合えるおつきあいをしたい。それが、龍の気持ちです。

では、彼らといい関係を築くために、「龍使い」となる上での基礎知識について、次の章でさらに学んでいきましょう。

Chapter 2

龍とのファーストコンタクトを成功させよう

～龍使い養成講座1～

神社、川、大空……龍がいるのはここ！

「龍使い」になるためには、まず龍がどこにいるのかを知らなければなりませんね。

さて、彼らはどこにいるでしょう？

基本的に龍は、常に移動しています。上空や私たちのまわりを飛び回っています。

ただし、いつも動き回っているわけではありません。ときには、ひとつの場所に宿ることもあります。龍たちもときどき休みたくなるのですね。

でも、神様たちの次元と同じように、龍の次元も人間とは時間の尺度が違います。

ですから、**龍にしてみれば短い「ステイ」でも、人間にしてみると１００**

年単位ということも多くあります。

彼らが宿るのは、やはり神様と同じように自然物、神社などの聖地です。普段、私たちが過ごす場所にもたくさんいます。都会のビルの上空を何柱（頭）も飛んでいたり、近所の林や森で小休止していたり……。

龍が近くにいると、人間は彼らのパワーを受け取れるので心身が癒されます。また、日常生活ですり減った五感や直感など、私たちに必要な感性が磨かれます。

では、どんな場所に龍がいるのか、具体的にご紹介していきましょう。

神社や、神社のある聖地

神社は、その土地の「気」を整える装置の役割をしていて、神聖なエネルギーに満ちています。**龍にとって滞在しやすく、またエネルギーのチャージもできるので、たくさん集まってきます。**龍神が祀られている神社はもちろん、それ以外の神社も、龍とのコンタクトには絶好のポイントです。

特に、境内にある森やご神木、池などは、龍が大好きな「お休み処《どころ》」。鬱蒼《うっそう》としていてなんとなくモヤッとした雰囲気が漂う森、1本だけ妙に目立つ木、ほかとは空気感が違う池……。境内にそんな場所があったら、龍のいるポイントだと思っていいでしょう。

ご神木などの木にいる龍は、幹や枝先に尾をからめて休んでいます。神社やお寺の柱などに、龍が巻きついている彫刻を見たことはありませんか？ちょうどあの彫刻のような格好です。葉をすっかり落とした冬の林などにいることもありますよ。

大きな神社になると、その周囲の土地も御神気に満ちています。神社周辺の森や川、湖などにもぜひ注目してください。

ちなみに、格上の龍は聖域のご神木や大きな湖に宿ることが多く、近くに格下の龍を何柱（頭）も従えています。

一級河川や大きな湖

龍は、川や湖、池、沼、運河などの水辺が大好きです。特に、**一級河川と呼ばれる大きな川や湖の上空には、何柱（頭）もの龍がゆったりと移動したりしています。**

また、川や湖の水中に、溶け込むようにして宿っている龍もいます。

そんな場所を訪れると、「ここには何かいそう」「この場所だけちょっと雰囲気が違う」と感じるはずです。

龍神伝説が残されていることも多いので、気になる川や湖の歴史を調べてみるのもいいでしょう。

どちらかというと、海や河口より、**中流から上流のほうが龍にとっては滞在しやすいようです。**海に龍がまったくいないわけではありませんが、川や湖のほうが、龍とコンタクトをとりやすいでしょう。大きな川の河口では、川を下ってきた龍が海の手前で折り返し、上流へと上っていく姿が見えることもあります。

山や公園の樹木

寺社ほど多くはありませんが、山や大きな公園の樹木に龍が宿っていることもあります。そういったところにいるのは、比較的親しみやすい格下の龍たちです。

彼らは、**鳥が木の枝に止まるように、移動の合間に木の上でブレイクタイムを取っています。**格下といっても、龍が宿っている木は、他の木と違う神聖な気を発していますから、感覚を研ぎ澄ませると、きっと「この木、何かいそう」と感じるでしょう。

雲や風

龍は、雲や風に宿ることもあります。特に雲は、龍の存在を目でもっとも確認しやすい自然物かもしれません。

龍はエネルギー体ですから、雲の中に溶け込み、雲が漂うのにまかせながら休んでいるのです。それを私たちが見ると、龍に似た形に見えるわけです。

龍の形をした雲を指して「龍雲」と呼ぶこともありますが、そんな雲を見かけたときは、新たな変化が起こる兆しです。人生が変わるタイミングが来ているととらえてください。

「突然の風」「数字の8」「虹」……龍のサインをキャッチしよう

龍は自分たちの存在に気づいてほしいので、彼らからサインが送られてくる場合もあります。コンタクトスポットに行ったとき、あるいは日常の中で、次のようなことが起きたら、それは龍からの合図だと考えていいでしょう。

聖域で風が突然吹いてくる

神社などの聖域で突然風が吹いてきたときは、**龍が来ている可能性大**です。

境内の杉木立を風がザワザワッと揺らして吹き過ぎたり、また拝殿の注連《しめ》縄《なわ》に下がっている「紙垂《しで》」を揺らせたりして知らせることもあります。

水面が急に波立つ

湖や弁天様の祀られた池に行ったとき、静かだった水面が急に波立つ場合があります。何も動きがなかった水面に、**いきなりザザザッとさざ波が立ったら、龍が通り過ぎていったのかもしれません。**

数字の「8」をよく見かける

「8」は、龍のエネルギーを表す数字です。ふと時計を見たら、「8時8分」だった。もらったおつりが「88円」だった。おみくじを引いたら「8番」が出た。乗り物や劇場の座席が「8番」だった……。日常でこのように「8」という数字をひんぱんに目にするようになったら、**龍からのメッセージをキャッチできるよう、心をオープンにしていてください。**

花や香水などの心地よい香りが漂ってきた

実際に、梅や桜、金木犀《きんもくせい》や沈丁花《じんちょうげ》などが香るときや、部屋に飾った花の香りが**特に強く感じられるときは、龍が呼びかけています。**香りに意識を向けさせ、私たちのこり固まった思考を切り換えようとしているのです。

また、花が近くにないのに突然花の香りがしたり、香水を振りまいたような香りや森林の香りなど、心地いい香りが風に乗って漂ったりすることもあります。

空にかかる虹を見た

雨上がりなどの空にかかる虹はよい変化が起きる兆しであり、**龍が見せてくれる瑞兆《ずいちょう》そのもの**です。これから、龍があなたの現実にうれしい変化を起こしてくれるサインだととらえましょう。

急に気温が上がり、暑くなった感じがした

龍は、体感を通してその存在を伝えることもあります。

突然、**熱気のようなものを感じたり、体が急に熱くなったりしたら、龍のエネルギーが届いているサインです。**

いかがでしょう。このような体験が、最近ありましたか？

「そんなことがあったかもしれないけど、気のせいかもしれないし……」と思ったあなた。「気のせい」にしてしまうのは、もったいないですよ！

龍の存在は、私たち人間には見えません。でも、その存在を感じる「センサー」は誰でももっています。そのセンサーがピピッと反応するとき、五感やインスピレーションという形で、サインがあなたのところにやってきているということです。

あなたも、たとえ注連縄が巻かれていなくても、普通の木とご神木の違いを感じ取れませんか？　また本当は、普通の雲と龍が宿る雲の違いもわかっ

ているはずです。

人は、本来それほど鋭い感性をもっているのに、日常であまり使ってこなかっただけなのです。ですから、どうぞ自信をもってください。

たとえば、空を見上げたとき、「あの雲、龍に見えるなあ」と思う。

神秘的な雰囲気の湖や池に行ったとき、「なんだか、龍がいそうだな」と感じる。

そんなとき、あなたは確実に龍の波動をキャッチしています。

「なんとなく違う」「なぜかパワーを感じる」と思うときや、「ここに龍がいそう！」と、ピンと来たらその感覚を否定せず、龍に意識を向けてみましょう。

もし、「龍を感じるって、どういうことかわからない」と思う人でも大丈夫。

「龍がいるかな」と意識するだけで、彼らは敏感に察知して反応してくれます。

じつは、実際に龍を見たり、その存在を感じたりすることだけが重要なのではありません。

この三次元にやってきている龍たちに意識を向け、そのサインを受け取ろうとする姿勢自体が重要なのです。

龍とコンタクトをとる3つの方法

龍のいる場所を意識するようになると、龍のほうでもそれを察知して、あなたを意識しはじめます。そして、「この人を後押ししよう」と考えるようになります。

人間も、自分に興味をもってくれる相手には興味が湧くし、好意をもちますよね。龍も同じなのです。

また、**人間がコンタクトをとろうとすると、龍のほうでも後押ししがしやすくなります。**その姿勢が、龍が人間を後押しするためのゲートを開くことになるからです。

そんなファーストコンタクトをとるときに、役立つポイントが3つあります。

①意識を向ける

基本の「キ」は、龍に関心をもつことです。

龍は、人間を後押ししたいと地球にやってきています。そんな龍にとって、何がもっともこたえるかといえば、「無視されること」なのです。

私たちだって、関心をもっている相手に無視されたら、がっくりきますよね。ですから、**日常の中で龍を意識すること、龍に関心を向けること。これが第一歩です。**

もちろん、四六時中意識する必要はありません。

たとえば、神社や自然の中に行ったら、「龍がいるかもしれない」と注意してあたりを見る。普段の生活でも、龍のサインが来ていないか意識してみる。日常の中で、ふと思い立ったときに龍に思いを向けてみる。そんな感じでいいのです。

そうすると、磁石のN極とS極が引き合うように、お互いのエネルギーが引かれ合い、龍とあなたが接近します。

②陽気さ・気楽さが好き

Chapter 1でもお話ししたように、龍はあなたに頼ってほしくて仕方がありません。

だから、ピンチのときや、**かなえたい願いがあるときに、「どうぞ助けてください」とどんどんすがってOKです。**人間を助け成長させることは、龍自身にとってもプラスになります。遠慮なく龍に助けを求めてください。

その代わり、人間からもちゃんとお返しをする必要があります。**感謝するのはもちろんですが、龍の大好きなエネルギーを返してあげるのです。**

それは何かというと、「陽気さ」と「気楽さ」。5歳の子どものようなほがらかさです。

小さな子どものころってなんの心配もなく、ただ気楽に毎日を楽しんでいましたよね。あの無邪気な明るさを思い出してください。

あの明るさを意識することが、2つめのポイントになります。

なぜなら、**明るいエネルギーは、龍にとっては栄養たっぷりの「ご飯」になるからです。**人間がごきげんに生きていると、龍は「ここにおいしいご飯がある」と気づいて、寄って来てくれます。

「悩みがあるのに、陽気にしているなんてできない」と思うかもしれません。でも、ひとりでもんもんと悩んでいても、問題は解決しませんよね。

「とりあえず龍にお願いして、いつものように明るくがんばろう」と考えてみましょう。実際にそうやっていると、龍は必ず来てくれます。そちらのほうがよくありませんか？

じつは、**龍だけではなく、神様たちも人間の明るさや陽気さをエネルギーにしています。**日本には、お祭りでエネルギッシュに御神輿《おみこし》を担ぎ、賑《にぎ》やかな歌や踊りを奉納するという伝統がありますね。それは、神様たちに人間の陽気さを捧《ささ》げるという意味もあったのです。

深刻な人間が増えると、日本全体に陽気さが足りなくなってしまいます。

龍や神様たちもエネルギー不足になってしまいます。大げさに聞こえるかもしれませんが、最悪の場合、龍の生命そのものが危うくなる事態になりかねません。

龍にご飯をあげるつもりで、明るく笑ってくださいね。龍は必ず、その心意気をキャッチしてくれますから。

③コンタクトスポットに行く

龍と仲良くなりたかったら、やはり「龍のいるところ」に行くのがベストです。

もちろん、私たちのまわりにも龍はいます。くわしいやり方はChapter 5でお伝えしますが、部屋にいてもイメージを使って龍とコンタクトをすることはできます。

でも、**「龍に会いたい」と願い、こちらから出かけていく行為そのものに意味がある**のです。わざわざ時間をかけて訪ねてきてくれた人は、大切にしたいと思いますよね。

無理のない範囲で行ける場所、「ここに行ってみたいな」と感じる場所に、足を運んでみましょう。

このとき大事なのは、日常でやるべき仕事や、優先してやりたいと思っている物事を犠牲にしないことです。龍は人間の事情をよくわかっています。ですから、**「行けるときに行ける範囲の場所」で大丈夫**なのです。

Chapter 5 に龍がいる聖地を挙げていますが、それ以外にも「ここには、龍がいそうだな」と感じる地元の神社や聖地を探してもかまいません。

自分のセンサーを使って、行きたい場所を探してみてください。あなたが訪ねてくるのを、龍は楽しみに待っていますよ！

「龍使い」になるためコンディションを整える

龍と仲良くなれる場所に行き、コンタクトをとれる段階まで来ましたね。

でも実際に行く前に、知っておいたほうがいいことがあります。それは、「あなた自身のコンディションを整える方法」です。

龍とコンタクトをとっても、**人間側の準備ができていないと、スムーズにいい関係を結べない**のです。せっかく、これから龍とパートナーシップを築いていくのですから、「龍使い」としての準備をバッチリ整えておつきあいしたいですよね。

そのために、まず私たち人間という生命体の構造についてお話ししていきましょう。

私たちは、「体」「心（意図）」「魂」の3つの要素で成り立っています。そういわれても、心や魂は目に見えません。ちょっと、イメージしづらいですよね。

人間を、1台の車にたとえてみましょう。

「肉体」は車体にあたります。「心（意図）」はハンドル。「魂」はエンジンです。

その中のどれかひとつでもエネルギーダウンしたり、弱ったりすると、人生はうまく進んでいきません。

どんなに優れたエンジンを搭載していても、車体がボロボロでタイヤがすり減っていたら危険ですね。また、ピカピカの車体でも、エンジンがガタガタでは危なくて走れません。「龍使い」になるためには、この3つの要素をバランスよく整えることが、とても重要です。

体は、運動や食生活、休息などに配慮することで整えられますね。

心については、Chapter 3でくわしくお話ししていきますので、ここからは、魂のコンディションを整える方法をお伝えしていきます。

人生を決めるあなたの魂は5つに分かれている

普通、魂なんて見たことはありませんね。
それを整えるなんてこと、できるのでしょうか?
はい、できます。それも、簡単に。
じつは、魂というエンジンには5種類あります。そう、魂ってひとつではないのです。
古神道の世界では、私たちの魂は「一霊《いちれい》四魂《しこん》」の5つに分かれていると考えます。

「一霊」が、直霊《なおひ》。

「四魂」が荒魂《あらみたま》・和魂《にぎみたま》・幸魂《さきみたま》・奇魂《くしみたま》となります。

この一霊四魂がすべて合わさったもの。それを、私たちは普段「魂」と呼んでいるのです。

5種類の魂が快調で、それぞれの役割を果たせていると、あなたの人生は順調に前に進みます。人生の流れがスッキリ見渡せ、毎日が安定して、人間関係も良好。やりたいことを行動に移し、願望も現実化しやすくなります。

エンジンの調子がいいと快適なドライブになり、いい走りができるのと同じですね。

でも、もしエンジントラブルが起き、その役割を果たすことができなくなると、あなたという車の動きや走りに不具合が起きやすくなります。

進むべき道を見失う、幸せが感じられなくなる、自分の軸がブレてしまう、人間関係がうまくいかなくなる、やる気も行動力もなくなる。そんな状態になってしまいます。

では、それぞれどんな役割をもっているのでしょう。

次のような役割です。


直霊……人間の核になる部分。自分という人間の本質であり、究極の「自分自身」ともいえます。ハイヤーセルフ（高次の自分）、無意識とも呼ばれる部分です。

荒魂……願いをかなえ、物事を具現化します。

和魂……周囲と調和し、バランスを取ります。

幸魂……日常の中で幸福を感じられるようにしてくれます。

奇魂……神様からのメッセージを受け取ります。


さらに、四魂からくわしくお話ししましょう。

四魂はすべて体の表面の手で触れられる場所にあります。

四魂の場所と性質は、次の通りです。

荒魂……【肩甲骨の間】荒魂がきちんと働いていると、御神気をたっぷり受け取ることができるので、**神様の後押しを得やすくなります。**また、やるべきことや、自分を生かす道がわかるようになります。行動力を発揮して、自分の思いが現実世界で目に見える形になります。

和魂……【下腹・丹田】（丹田は、ヘソ下にあり気功や東洋医学で気が集まるといわれる場所）すべてのものと調和する働きをサポートします。仕事とプライベート、女性性と男性性、上半身と下半身など、さまざまなものの**バランスを取ってくれます。**

幸魂……【胸の正面中央】対人関係やコミュニケーション能力を司《つかさど》り、**幸せな日々を送るためのサポートをする魂**です。幸魂の働きが弱ると、姿勢が前かがみになる傾向があります。

奇魂……【眉間】インスピレーションや直感を司り、**生きる上でどんな情報を取り入れるかを判断します**。人生を照らすヘッドライトのような役割をもっています。

そして、**直霊は四魂に囲まれた体の内側**にあります。胸正面にある幸魂と肩甲骨の間にある荒魂を結んだ線の中央にあたります。

あなた本来の輝きを取り戻せば人間関係も変わる

一霊四魂は人間の本質であり、生き方や雰囲気に大きな影響を与えます。

直霊には、私たちが生まれもった天命が書き込まれています。人間の可能性は、この直霊に存在しているといってもいいでしょう。

一方、四魂は周囲からの情報をキャッチして直霊に送ります。直霊がそれを判断し、肉体を動かして、現実世界で天命を実行していくのです。

5つの魂の関係をたとえるなら、**直霊が主人、四魂は主人を守る4人の勇者**といえます。勇者は、主人の願いをかなえるために、外界から有益な情報をどんどん送りつづけるのです。

四魂の性能が上がり、センサーの感度がよくなると、いい情報がどんどん伝わります。すると直霊が輝きはじめ、情報を適切に判断して、私たちの心と体を動かしていきます。

直霊は、ちょうど電球のようなものだと思ってください。**どの人の直霊も、本来は美しい輝きを放つエネルギー体です。**

ところが、もともと100ワットの輝きがあるとしたら、10ワットしか輝けていない。そんな人がほとんどなのです。さまざまなストレスや疲れなどで、もって生まれた光が曇ってしまうのですね。

10ワットの輝きしかなければ、自信がなくなり、人前でも思うように振る舞えなくなります。存在感が薄くなって、周囲にもいい印象を与えません。

そんなときに、コミュニケーションスキルや人心掌握術を学んで、小手先の努力をしても、あまり効果は期待できません。本質が変わっていないのですから。

それよりも、四魂を活性化させて直霊を輝かせるほうが、大きく印象が変わるし、人間関係もよくなります。

じつは、**龍が関わると、御神気が一霊四魂のすべてに流れ込みます。**

まず四魂が元気を取り戻し、次に直霊が成長し、輝き出します。逆に、直霊が輝くことで、四魂もさらに活発に稼働しはじめるという循環が起こります。

すると、何が起きるのか。10ワットしか輝いていなかった直霊が、１００ワットどころか、２００ワットの輝きを放つようになるのです。

そして、**あなたのもつ雰囲気にもはつらつとした明るさや元気が生まれ、かもし出すオーラがまるで違ってきます。**

「最近、調子よさそうだね」「いいことあったの？」と言われる状態になり、引き寄せるものや人も変わってくるでしょう。
もちろん龍も、そんなあなたにますます引き寄せられてきます。

自分の進む道を見極める力がつく

また、直霊が輝き出すと、自分の進むべき道をしっかり見極め、そこへ向かって進んでいけるようになります。

たとえば、暗闇を進むときに、ヘッドライトが10ワットの明るさしかなければ、目の前はほぼ真っ暗で、崖があってもなかなか気づけませんね。ドキドキしながら、手探りで進んでいくしかありません。でも、２００ワットの明るさがあれば、より先を見通せます。

それと同じように、直霊が輝きを増すことで、未来への見通しが明るくなり、自分の望む場所へ安全迅速に進む道のりが見えてくるのです。

さらに、**「この企画はうまく進むな」「いまは待つべきときだな」といった判断が直感的にできるようになります。**視点の位置が高くなり、視野がまったく変わるので、それまで見えなかったことがクリアに見えはじめるのです。

たとえるなら、高台に登って下界を見渡すような感覚です。

だから、それまで深刻な問題だととらえていたことが、とてもちっぽけなことだったと気づくこともよくあります。

魂を活性化させる2つのストレッチ

ここから、四魂を活性化させる方法についてお伝えしていきます。

ちょっと回り道に感じるかもしれませんが、「龍使い」になるための基礎トレーニングとして役立つだけでなく、神様とつながるためにも重要な情報ですので、どうぞおつきあいください。

まずは、人生の運気を上げるのに、特に有効な2つのストレッチをご紹介します。いますぐできて、体そのものも活性化しますから、ぜひ続けてみてください。

「奇魂」を活性化するストレッチ　～インスピレーションを鍛える～

✳肩の力を抜いてアゴをグッと上げ、天を見る

座っても立ってもOKです。上を見ることで自然に眉間が開き、奇魂に刺激を与えることができます。実際にやっていただけばわかりますが、眉間にシワを寄せながら上を見るのは、かなりむずかしいのです。眉間にシワを寄せるクセのある人には、特におすすめです。

✳眉と眉の間に「第3の目」があるとイメージし、そのまぶたを開けるつも

りで、眉間に力を入れる

実際には筋肉が動かなくても、力を入れるイメージをするだけで効果あり。「第3の目はある」と思ってやってみることでエネルギーが動きはじめますよ。

「荒魂」を活性化するストレッチ　～行動力を鍛える～

①肩甲骨同士がなるべく離れるようにし、両肩を前に出して胸をすぼめ背中を伸ばす

②両肘を曲げてグッと後ろに引き、肩甲骨同士がつくように胸を反らす

③①と②を数回ゆっくり繰り返す

このストレッチは、気持ちよさを十分感じることがポイントです。「肩や背中もスッキリするし、これで龍と仲良くなれて、運気が上がったらラッキー!!」というノリで、気軽に試してみてください。

荒魂は、物事を具現化するときに働く魂であり、御神気というガソリンを取り入れる「給油口」です。どんなにエンジンがよくても、ガソリンが補給されなければ走ることはできません。**給油口（荒魂）を開けてエネルギーを補給できるようにしておくことが、願い事をかなえる最大のコツ**でもあります。

なかには、神社参拝やお祈りをすることで、神様からの御神気が貯金のような形で貯《た》まっている人もいます。でも、この荒魂が働かなければ、現実世界では使えません。

ですから、神様からの「後押し貯金」があっても使えていない人は、たくさんいらっしゃいます。

でも、固く閉じていた荒魂が活性化してオープンになると、**現実世界でどんどん使えるようになります。**御神気もたくさん入ってくるようになり、同時に、使いたいときにいつでも貯まった御神気が使えるようになるのです。御神気を引き出せるATMに行くつもりで、このストレッチをやってみてくださいね。

着るだけ！「着物」は魂を安定させる

四魂をきちんと働かせるために、日常でもっと早くできることがあります。

それは、「背筋を伸ばして姿勢を正すこと」です。

いまこの場で、背筋を伸ばしてみましょう。正しい姿勢で立つと、エネルギーの循環がよくなり、四魂もバランスよく働き出します。

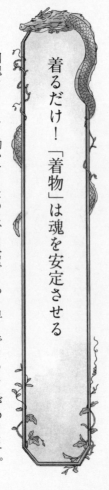

そのために**ヨガやピラティスはとても有効**で、体幹を強化し、全身のバランスを整えてくれます。ただし、どちらも独学ではむずかしいですし、習熟のためにはある程度の時間も必要ですよね。

そこでおすすめしたいのが、「着物を着ること」です。

着物を着ると、スッと背筋が伸びて姿勢がよくなるだけでなく、気持ちもシャキッとしませんか？　それが全身の筋肉をもっともバランスよく使っている状態です。同時に、**一霊四魂がもっとも安定している状態**でもあります。

これには、ちゃんと理由があります。着物を着ると、帯をしめますね。あ**の帯によって、背中側に重心が行き、姿勢が正しい位置で安定するのです。姿勢が決まれば、魂も安定します。**

現代生活では、動きやすい洋服のほうが便利かもしれません。でもその分、洋服の場合は自分の筋肉を使って立つ必要があり、バランスが崩れやすいという面もあります。帯をきっちりしめて着こなす着物は、「枠」があり、特に日本人の体型には着やすいのです。

月に一度でいいので、着物を着てみましょう。着物が面倒なら、浴衣でもかまいません。

定期的に着物を着ることで、細胞がその感覚を記憶します。

すると魂も、日本人としてちょうどいい働き方に戻ろうとするでしょう。

魂のセンサーを敏感にする　簡単!「五感の磨き方」

五感を磨くことでも、四魂を活性化させ、よい状態に整えることができます。

視覚・聴覚・嗅覚・味覚・触覚の五感は、外界と自分をつなぎ合わせるセンサーの役目を果たします。その**五感を刺激すると、四魂のセンサーがより敏感になるのです。**

もともと私たち日本人は、この五感の「尺度」が細かい民族です。

どういうことかというと、他の民族が見逃してしまうささいな情報を、五感で細かく感じ取り、楽しむことができるのです。

たとえば、「赤」でも、日本には「紅」「真紅」「朱色」「緋色《ひいろ》」などたくさんの呼び方があります。また、セミや鈴虫の声、風鈴の音などを「風流」だと感じるのは、日本人特有の感性だそうです。

でも、そんな素晴らしい五感も使わないでいると、どんどん鈍くなってしまいます。ピアスの穴と同じで、使わないと閉じてしまうのです。

といっても、24時間、五感を研ぎ澄ませていることは不可能ですね。ですから、日常のふとした時間でＯＫ。**「いま、センサーを敏感に働かせよう!」と意識する瞬間を毎日の中で作る**のです。仕事で何かを決定するとき、食事のメニューや洋服を選ぶとき、五感に集中して決めてみましょう。

ＡとＢのどちらを選んだほうが、五感が心地よく感じるか。それに意識を集中させてみてください。むずかしいようなら、自分の感性が素直に気持ちいいと感じるほうを選べば大丈夫です。あなたの感性は、五感をひとつにまとめたものですから。

意識して五感を使っていくと、四魂のセンサーが磨かれ、キャッチした情報がどんどん直霊に送られます。直霊は、あなたの天命を生かすために、それを次々に解析します。そして、「好き・嫌い」「心地いい・心地悪い」「やりたい・やりたくない」という感覚として、あなたに指令を出していきます。

その感覚に従うと、あなたは自然に天命への道を歩いていけるのです。

では、五感を磨く方法をいくつかお教えしましょう。どれも、すぐできることばかり、あなたが普段やっていることばかりです。ぜひ実践してみてください。

試着する

意外かもしれませんが、試着は触覚を刺激するよい方法です。

日本人は特に、触覚に優れています。場の空気を読んだり、何かの気配を察したりするのは、日本人の得意分野ですが、それも触覚のセンサーのひとつなんですよ。

魂が一人ひとり違うように、五感も一人ひとり違います。たとえば、タオルひとつ取っても、新品のようなフワフワした感触が好きな人もいれば、洗いざらしのザラザラした肌触りが好きな人もいますね。

でも、視覚や聴覚に比べて、私たちは触覚を意識していません。ですから、**新しい服を試して、その肌触りや着心地を感じてみるのは、とてもいい訓練になる**のです。

必ずしも買う必要はありませんが「この肌触りは気持ちいい」「着心地がいまひとつだ」と試してみてください（もちろん、お店の迷惑にならない範囲で！）。

五感は連動しているので、「いまの自分には、これが心地いいんだ」とわかると、洋服以外の分野、映画や音楽、食事などでも心地よいものを選びやすくなります。

また、試着には、視覚を刺激する効果もあります。

試着室の鏡で、いつもと違うデザインや色の服を着た自分を見ると、新しい情報として、客観的に自分をとらえ直すことができるでしょう。その刺激や発見が、五感のセンサーをさらに敏感にしてくれます。

考えていることを人に話す、紙に書き出す

自分の脳内にある思いや感情を「話すこと」「書くこと」で、いったん外に出してみましょう。たとえば、悩みごとや選択しなければいけないことがあるとき、自分の考えていることを信頼できる相手に話したり、ノートや紙に箇条書きにしてみたりするのです。

すると、聴覚や視覚から、新しい情報として「自分の考え」を取り入れることになります。それが新たな刺激になり、感性を磨きます。

それだけではありません。ただ話しただけ、書いただけで、モヤモヤしていた思いが整理できます。なぜかというと、**アウトプットすることで、客観的に自分の思いをとらえられる**からです。おまけに、気分もスッキリします。

自分では考えているつもりでも、頭の中で同じことを繰り返しているだけということもよくあります。無駄な堂々巡りをなくし、懸案事項に方向性を見出《みいだ》すためにも、おすすめの方法です。

料理や食事で、五感を意識する

五感のすべてを刺激する料理や食事は、毎日おこなえるもっともおすすめの「五感磨き」です。

料理をするときに扱う食材の色や形、手触り、香り、煮炊きするときの音。そして、出来上がった料理のおいしそうな見た目や味……。食事を作って食べる一連の行為の中には、五感を刺激する要素がたっぷり含まれています。

特に食事は、味覚をはじめとした五感を総合的に刺激します。**味そのものだけでなく、料理の見た目や香り、口に入れたときの舌触りや歯触り、かみ応え、のどごし、食べ物をかむときやすするときの音なども丁寧に感じてみてください。**料理の彩りや盛りつけも観察し、ゆっくり味わいましょう。

一日一回意識するだけで五感が研ぎ澄まされ、いつもの料理が、特別なごちそうに感じられるはずです。

このほかにも、日常のふとした瞬間の中で、五感を磨ける場面はたくさんあります。

たとえば、お風呂に入ったとき、お湯の温度や肌へのなじみ加減、入浴剤の香りや色、石けんの泡の肌触りなどを、一つひとつ味わう。

あるいは、お布団に入ったときの寝具の心地よさ、顔を洗うときの水の冷たさなどを丁寧に感じてみる。

そんなちょっとした日常のシーンで、五感を意識してみましょう。それだけで、五感が磨かれていき、センサーのキャッチ力が抜群に上がってきます。

そうすることで、一霊四魂が輝きはじめ、「龍使い」へのステップを上っていくことにもつながるのです。

Chapter 3

運の流れに乗るための心の法則

～龍使い養成講座2～

なぜ、龍とのつきあいには「心」が大切なのか？

誰かといい関係を築こうとして手土産を持って訪ねていくとき、わざわざ相手の嫌いな物を選んだりはしませんよね。

龍とのおつきあいでも、龍の好きな物、喜ぶ物を差し出すほうがうまくいきます。

といっても、それはお金でもごちそうでもありません。

一言でいうなら、あなたの人間性や生き方、つまり、どんな心のあり方で生きているかです。

心のあり方の大切さについては、はじめて龍の背に乗ったときの経験から学びました。Prologue でもお話ししましたが、２０１１年の出雲《いずも》でのことです。

じつはそのとき一緒に旅した仲間も、「ともに龍の背に乗るつもりがあるか」と尋ねられたのです。

龍が乗せてくれるのなら、もちろん誰だって乗りたいですよね!?

でもそれって、単純に「じゃ、よろしく!」というわけにはいかないのです。やっぱり覚悟のいることだからです。

これまでお話ししてきたように、龍は私たちの成長を望んでいます。**龍の背に乗るからには、自分自身も努力し、人間として成長しようとする姿勢が大切**なのです。

もっというと、「乗せてもらう代わりに、自分も成長します」と決め、実行する覚悟が必要だということです。

たとえば、あなたが新商品を開発して、会社の売上を倍にしたいと望んだとします。

龍がその望みをかなえるために背中に乗せてくれるとき、人間にはやるべきことがいくつかあります。

それは、いい製品を作り、製品の中身にきちんと責任をもつこと。また、望みがかなったあとも増長することなく、謙虚に仕事を続けることなどです。

Chapter 1でお話ししたように、**龍の後押しが始まると運が急上昇する分だけ、以前は無理だと思っていたようなチャレンジや課題もやってきます。**

また、人から苦言や叱咤激励《しったげきれい》を受けることもあります。

龍の背に乗るときは、そのすべてを受け止め、成長の糧《かて》とする覚悟がいるのです。だから、龍は自分の背に乗せる前に、「その心づもりがあるか？」と、わざわざ確認を取ったのですね。

人間が龍の望む生き方をできないとき、彼らはその人を背から降ろすこともあります。でも、「龍って、けっこう冷たいのね」と思わないでくださいね。

もし、逆の立場だったら……と考えてみてください。

あなたがAさんという人を信じ、その成長を応援するために一生懸命サポートしたとします。でも、Aさんはあなたを裏切るようなことばかりする。やってはいけないタブーを犯す。

初めは「しょうがないよね」と見逃すかもしれません。でも、やはり悲しいですよね。そして、それが続くようなら、サポートしつづけることはむずかしいはずです。

残念ながら、出雲で一緒に龍の背に乗ったメンバーの中には、途中でリタイヤしてしまった人もいました。私自身も未熟だったので、きちんとフォローすることができませんでした。

それ以来私は、龍が人間に何を期待しているのか、何をすると嫌なのか、さまざまなケースを観察してきました。その結果わかったことを、この章でお話しします。

あなたはどっち？　龍の「好きな人」と「嫌いな人」

まず龍の好きな人、嫌いな人の傾向を簡単にお伝えします。

それが次のリストです。

この章を最後まで読んで、もう一度このリストを見てください。そうすると、龍がこれらの人たちを好きな理由、嫌いな理由がよくわかっていただけると思います。

龍が好きな人リスト

自立した人、いつでもフラットな状態でいられる人、常にイキイキとしている人、自分らしさとは何かを知っている人、変化することを怖《おそ》れない人、成長したいと願う人、明るくほがらかな人、いいことも悪いことも自分の責

任として受け入れられる人、自分を大切にしながら相手も尊重できる人、目の前にあることを地道にやれる人

龍が嫌いな人リスト

他人の足をひっぱる人、嫉妬やねたみから行動する人、寂しさに耐えられない人、傲慢な人、卑屈な人、感情的になって当たり散らす人、過去や現在にしがみつく人、自分は特別だと勘違いしている人、物事に固執する人、利益に目がくらむ人、すべて自分の力だと思う人、自分の成長を自分で止めてしまう人

もしかして、「龍が嫌いな人リスト」を見て、「私、龍に嫌われるかも！」と焦りませんでしたか？

でも龍は、**完璧な人を求めているわけではありません。**人間がネガティブな心をすべてなくすことを望んでいるわけでもありません。それは、ロボッ

トになれといっているのと同じです。

願い事をするときに「私なんか無理」と尻込みするのはもったいない。「成長したい」という意欲があれば、迷わず龍に自分をドンとゆだねていいのです。

あなたが「いまの自分はダメだ」と思っていてもOK。これから、**よりよく生きようとする姿勢をもっていることが大切**なのです。

リストを見て少し考えていただければ、「龍の好きな人」の行動は、周囲の人からも好かれ、「龍の嫌いな人」のパターンはその逆だとわかりますね。

別の見方をすると、龍に好かれる生き方をしていると周囲から信頼されるので自然に運気が上がり、嫌われる生き方をしていると、運を落としてしまうともいえます。

龍に好かれるため、ひいては自分自身がよい人生を生きるために、ぜひこの章で「龍に愛される生き方」を知ってください。

龍とつながれない「穴掘り思考」にご注意を！

今後あなたが龍に好かれる人になるために、まっさきに手放していただきたい思考パターンがあります。

それは、「穴掘り思考」です。どんな思考かというと、「自分なんてダメだ」「自分はここがイケてない」という穴を掘りながら、その穴を埋めるために、必死で「自分は素晴らしい」「もっとがんばろう」と思おうとしているパターンです。

つまり、自分を卑下したり、批判したりしながら、同時に、自信をつけようと努力している。まるで、**穴を掘ったあと、また元通りにして、喜びを感じているようなものです。**

このパターンにはまると、キリがありません。ひとつの穴が埋まったら、また別の穴を掘りはじめます。そして、嬉々《きき》としてその穴を埋めはじめます。だから、どんなに努力してもいつまでたってもプラスマイナスゼロ。時間もエネルギーもたっぷりかけているのに、気がついたら、状況は何も変わっていなかったということもよくあります。これではいつまでたっても自信はつきません。

それだけでなく、**龍が後押ししようとやってきているのに、「ちょっと待って、この穴を埋めてからね」ということになります。**その間に、待ちかねた龍がどこかへ行ってしまうことになりかねません。

「いまの自分」で最高を目指そう

では、「穴掘り思考」をやめるためには、どうしたらいいでしょう。

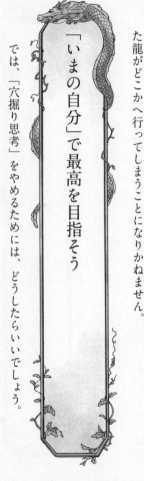

2つのアプローチがあります。

ひとつは、**事実をフラットに受け止めること**。

自分の望まない出来事が起きたとき、つい人間は「○○のせい」にしてしまいます。「夢がかなわないのは、自分の才能や努力が足りないせい」「職場が楽しくないのは、あの上司のせい」「仕事が見つからないのは不況のせい」……。

それが他人であろうと自分であろうと、あるいは社会状況であろうと、何かのせいにしたほうがラクなのです。

でも、よく見てみてください。そこにあるのは、単に「夢がかなわない」「職場が楽しくない」「仕事が見つからない」という「事実」だけです。

その状況にいたった本当の因果関係は誰にもわかりません。また、原因を特定するために〝穴掘り〟をしても、状況がよくなるわけではありません。

事実は、いつでもフラットなのに、**人間が自分の都合で「いい」「悪い」を判断しているだけ**なのです。

たとえば、あなたがいま誰かに対して猛烈に怒っていたとします。その状況を、フラットに受け止めてみましょう。そこには「いま、私は怒っている」という事実があるだけです。大切なのは、その地点からよりよく生きるためには、どうすればいいのかを考えること。

別の言い方をすると、「いま私は怒っている」という状況は、「いま私は東京駅にいる」という事実と同じともいえます。**その地点からどのルートを通れば、幸せにたどり着けるのか。そんなふうに考えましょう。**

すると、その場に留《とど》まって穴掘りをしている暇はないとわかりますよね。

「穴掘り思考」をやめるための2つめのアプローチは、**「憧れ」を起点にしないことです。**憧れって、一見すると素敵なことのように思えますね。

でも、じつはこれが穴掘りにつながります。

人は、「自分にはないもの」に憧れます。「あの人はいいなあ。それにひきかえ自分なんて……」という思考に陥ってしまうのです。

もちろん、**ときには自分の理想とするロールモデルを設定し、一定期間、そこへ向かって努力することが有効な場合もあります。**

また、「この人のこんな部分は素晴らしいな」「あんなすごい技術を身につけたいな」と、その人の長所や魅力を見習うのはとてもいいことです。

しかし、憧れの対象のようになりたいと、固執するのは危険です。

けっして、憧れをもつこと自体が悪いわけではないんですよ。しかし、憧れの対象はあくまでも憧れ。その人そのものになろうとするのは、どんなに努力しても、無理というものです。

なぜなら、**あなたはあなたで素晴らしい個性をもっているのだから。**同じ魂、同じ個性は、ひとつとしてないからです。

大切なのは、「いまの自分」をいかによりよくできるか、「最高の自分」に変えていけるかなのです。

「穴掘り思考」をやめると、さまざまなことが変わりはじめます。

まず、マイナスを埋めることにエネルギーを使わなくてよくなるので、これまでより少ない労力で結果を出せるようになります。

もっとも変わるのは、心のあり方です。一言でいうなら、**生きるのがとてもラクになります。**

どんなこともフラットに受け止められるので、日々のアクシデントや人の言動に振りまわされにくくなります。感情が無駄に揺らがなくなるのです。

といっても、イラッとしたり、怒りが湧いたりすることはもちろんあるでしょう。「自分なんて」という思いが湧くことも、ときにはあるはずです。

いままでは、そこからせっせと穴掘りを始めていました。でも、それは不毛だと気づいたあなたは、起きたことを単なる事実と受け止め、すぐフラットな状態に戻れるようになるでしょう。

そんなふうに生きようとするあなたを、龍はしっかり見つけて応援してくれるでしょう。

人間はネガティブな感情も「標準装備」している

ここまで、心の大切さや、手放したほうがいい思考パターンについて見てきました。

でも、肝心なことをまだお話ししていませんでした。

それは、嫉妬やねたみ、執着などのネガティブな感情を「もっていること」自体は、悪くないということです。

私たちは、愛情や優しさ、うれしさなど、ポジティブな感情もたくさんもって生まれてきています。でも同時に、ネガティブな感情もセットでこの世にもってきました。

ネガティブな感情がない人などどこにもいません。**人間なら誰でも、生まれながらにもっている「標準装備」です。**

それを「ないこと」にして感情にフタをしてしまうと、どこかに必ずひずみが出てしまいます。ましてや、なくしてしまおうと努力するなんて、自転車の車輪のどちらか片方を取ろうとしているのと同じです。

龍は、そのことをよく知っているから、人間に「聖人君子になれ」と言うことはありません。

ネガティブな感情を抱くこと、あるいは、それに飲み込まれそうになったとき、その感情としっかり向き合うこと。この姿勢を望んでいるのです。

客観的に自分の感情を見てコントロールできるようになれば、人間として大きく成長できます。これこそ、龍が私たちに期待していることです。

だから、感情の扱いに四苦八苦している人を龍が支援することはあっても、見捨てることはありません。たとえ一度離れたとしても、その人次第で、必ず関係を築き直せます。

もちろん、ネガティブな感情にも、「ポジティブな側面」があります。

もし物質的にも精神的にも満たされていて、心に波風ひとつ立たない状態だったとしたら、それだけで満足してしまいますよね。

嫉妬や不安、焦りや欲を感じるからこそ、人は努力できるし、その分だけ成長できます。

物事に対する執着や欲も、一般的には否定的に見られていますね。

でも、これこそ**人が大きく成長したり、ものを生み出したりする原動力**になります。

「何かを知りたい」という知識欲は人を成長させ、「さらなる高みを目指したい」という執着が、後世に残る芸術作品や技術革新を生みます。

ほかにも、「寂しい」という感情がなければ、友人や恋人を作ろうという気持ちにはなりませんよね。

ひとりで完結できる生き方も、もちろん悪くはないのですが、豊かな人間関係が豊かな人生を作ることは間違いありません。

「陰」の感情は、「陽」の結果を生む材料になります。だから、ネガティブな感情には意味があるし、その存在を否定してはいけないのです。

知っておきたい龍の逆鱗に触れること

では、龍の逆鱗《げきりん》に触れるのはどんなことでしょう。

それは、「ネガティブな感情のままに行動してしまうこと」です。

さきほどもお話ししましたが、ネガティブな感情が湧くのは悪いことではないのです。

ただ、それを行動に移してしまうことはやってはいけないことです。

特に、先に出世した相手をねたんで「足をひっぱろうとする」。自分にない才能をもつ人に嫉妬して「相手を陥れる」。

これは、人としてやってはいけないだけでなく、龍とのおつきあいでも最大のタブーです。

なぜなら、龍は人の成長を助けるために、この次元にいるから。

だから、龍は、**人の成功や成長を妨げたりする行為をもっとも嫌う**のです。

自分の背に乗った人間がそんなことをやってしまうと、龍も見過ごすわけにはいきません。龍とのご縁はそこまで、ということになってしまいます。

龍の背に乗っているときは運が急上昇している状態ですから、うまくいっていた分、降ろされた側の戸惑いや痛みは大きくなります。人間のほうは、「なぜこんなことに！」とあわてるでしょう。

でも、そんなときこそ、成長のチャンスです。そこでくさらず、自分自身を振り返ってまた奮起してほしい、人として成長してほしい。龍は、そう望んでいます。

人間がハッと気づいて変わろうとすれば、龍はいくらでも応援してくれます。むしろ、龍はそんな人間こそ大歓迎します。人は失敗から多くを学びますし、反省することで謙虚になれますよね。前に失敗した人間がもう一度成長しようと努力すると、タフな精神力が備わります。

一度骨折したところは、かえって丈夫になるといいますね。**龍が求めているのは、そんな強固さ**なのです。

生き方を変えていくのは、具体的な行動しかありません。いますぐできることを、少しずつでもやっていく姿勢がものをいいます。

では、マイナスの感情をコントロールする内省方法を具体的にご紹介していきましょう。

「龍使い」になるための心のコントロール法①
ネガティブな感情を紙に書き出す

もっともおすすめしたいのが、自分の思いを紙に書き出すことです。

ノートでもメモ帳でも、失敗したコピー紙の裏でもいいので、とにかく頭

の中にあることを全部書き出してください。人に見せるものではありませんから、理路整然としていなくても大丈夫。思ったまま正直に書いていきましょう。

「○○さんが自分より先に出世した。くやしぃ」「課長に人前で怒られた。腹が立つ」「彼と別れた。寂しぃ」。グチ、ねたみ、ひがみ、恨み……何を書いても問題なし！

この作業は、自分と向き合うためにおこないます。**手を動かして書く行為、書いたものを見る行為によって、人は客観的になれます。**それで、感情をコントロールしやすくなるのです。

ネガティブな気持ちが渦巻いているときは、黒いザラメ糖が膨らんで、黒い綿アメで頭がいっぱいになっているようなものだと思ってください。

綿アメは、元はたったひとつまみのザラメ糖なのに、機械にかけると大きく膨らみますね。ネガティブな感情も、そのままにしておくと、ものすごい勢いであの綿アメのように増殖します。

だから、いくら「ポジティブに考えよう」「気にしないようにしよう」と思っても無駄な努力。綿アメの増殖力が、その気持ちにまさっています。でも、ペンをもって感じていることを書き出してみたら、あなたは気づくはずです。

じつは、ザラメ糖の量が意外にも少なかったことに。同じことを何百回も繰り返し考えていたということに。

いまむかついていること、イライラしていること、悲しんでいること、心配でたまらないこと。あなたが頭の中で何度もリフレインしていることは、実際に書いてみると、どんなに多くても数十個でしょう。もしかすると、数個という場合もあるかもしれません。そのことがわかると、**自分が思ったほど怒ったり傷ついたりしていなかったと思える**はずです。

「気がすんだ」と思った時点で、その日は終了です。頭の中でグルグルしていた感情が落ち着き、気分がスッキリしているでしょう。

たいてい一度では終わらず、またモヤモヤしてくるはずですから、日を改めてこの作業を繰り返しましょう。

でもほとんどの場合、7回くらいやれば飽きてきます（笑）。

「もう飽きた」と思ったら、その感情が解消できたということです。しばらくして、また別のネガティブな感情が増殖してきたら、同じプロセスを繰り返してください。

「龍使い」になるための心のコントロール法②
不安や怖れの正体を突き止める

ノートに書き出すのが「対症療法」だとしたら、これからお話しするのは、根本的な原因にアプローチする方法です。

なぜネガティブな感情が湧いているのか。自分で、その正体を探っていきましょう。

嫌な気持ちが湧いてきても振りまわされなくなるので、この方法をマスターすると、とても便利です。

やり方は、とてもシンプル。**自分の感じていることに対して、「なぜ？」と繰り返し尋ねていくだけです**。小さな子どもは大人に向かって「なんで？」「どうして？」と繰り返し尋ねますよね。あの要領で、自分がなぜこの感情を抱いているのかを自問自答し、どんどん深掘りしていくのです。

たとえば、「好きな人に告白したいけど、怖い」という感情があったとします。そんなときは、次のように進めていきます。

「なぜ、怖いのだろう？」→「断られるのが嫌だから」→「なぜ、断られるのが嫌なのだろう？」→「自分を否定されたようで悲しいから」→「なぜ、自分を否定されると悲しいのだろう？」→「自分を認めてほしいから」。

「なぜ？」を繰り返していくうちに、「そうか！」と自分がピンと来る答えが必ず出てきます。そこで終了です。

この場合、「怖い」という感情の奥には、「自分を認めてほしい」という思いがありました。怖れの正体がわかれば、ただ漠然と悩みつづける必要はもうありません。

「そうか、私は自分を認めてほしかったんだ」と気づければ、そこからその思いに応えるための方法を考えればいいのです。

方法は、いろいろありますね。自分で自分を認める、相手に認めてもらえるような自分になる、人に認めてもらう必要はないと気づくなど……。その中で、**いまのあなたがこれだと思うものを選んでください。**

そうやって、感情の正体を突き止め対処していけば、まったく新しい立ち位置から、好きな人へ告白するかしないかを決められます。

質問するときには、秘訣《ひけつ》があります。**答えを早く見つけよう、うまくやろうと思わない**ことです。

「なぜ？」「どうして？」と無邪気に繰り返すうちに、自然と脳に回路ができてきます。初めはぎこちなくても、何回か繰り返すうちにすぐコツがつかめるでしょう。

たとえば満員電車の中で、あるいは、普段歩いているときや家事をしているときにも、この方法は試せます。「今日は、なぜイライラしているんだろう」「なぜ、寂しさが湧いてくるのだろう」と考えてみてください。

「あ、自分にはこんな本音があったんだ」と、発見できるでしょう。これは、自分を知るための最適なツールになりますよ。

「龍使い」になるための心のコントロール法③ 弱さを肯定して宣言する

次にお話しするのは、ネガティブな感情を肯定し、前向きな行動へと転換させる方法です。龍は、人間のことをよくわかっています。だから格好つけることなく素直になって宣言するのです。

「私には不安も心配もあります。でも、これから変わります！」

「怖いという気持ちは消えません。でも、これをやります！」

正直でいること。その上で、「でも！」と切り換え、思いを宣言すること。

この2つがポイントです。

そうすると、龍は素直なあなたを好ましく思い、背に乗せてくれるでしょう。その結果、安定から変化の時期に入りますから、あなたは戸惑うかもしれません。

でも龍は、不安や恐怖をもったままのあなたに合った体験や、人とのマッチングをさせてくれます。現状のあなたが変化をきちんと受け止めて、前へ進めるルートを探してセッティングしてくれるのです。

これは、自分の弱い部分を素直に認め、龍に対して明らかにしておくからこそ、可能になることです。

自分の弱さやマイナスの感情をごまかしたままで龍と関わろうとすると、龍はそれを見抜きます。あなたが自分に向き合いたくないとわかるので、龍としてもその意志を尊重せざるを得ません。

ですから、運気を変えるためのＧＯサインが出せず、せっかくできかけた龍との縁が生かされないまま終わることもあります。あるいは、途中まで進んだにもかかわらず、道半ばで縁がいったん切れることもあります。

だからこそ、自分のダメな部分に先に向き合っておいたほうが、結局はあとでラクなのです。

「龍使い」になるための心のコントロール法④
「自分年表」を作り「資産」を知る

龍は、あなたの能力や才能を見るのではありません。

龍は、あなたの「いままで積み上げてきたもの」を見ます。といっても、輝かしい成果や誰もが認める実績がないとダメというわけではないですよ。

龍が評価するのは、「あなたがこれまでどのように自分と向き合ってきたか」です。

たとえ、ネガティブな気持ちを抱いていても、真摯にそれと向き合ってきた姿勢があれば、龍はその人を認めます。

謙虚なあなたは「そんな自信ないなあ」と思うかもしれません。

でも私たちは、みんなそれぞれの立場で日々懸命に生きています。あなたもきっと、今日までひたむきに生きてきたはず。ただ、それを認めてこなかっただけです。

ですから、**これまでの自分の人生で築いてきた経験という「資産」に自信をもってください。**

といっても、自分で自分を評価するのは、なかなかむずかしいですね。

そこで、ここでも「書き出す」方法が役に立ちます。いままで自分がやってきたことを振り返り、時系列で書き出してみてください。あなたの人生の年表を作るのです。

まず、生まれてからいままでの流れを書き出します。そこに、次のようなことを書き足していきましょう。

- 一生懸命やってきたこと、楽しかったこと、好きだったこと
- 印象に残っている出来事（つらかったことや失敗だったと思うことも）
- 学校や勤め先で取り組んできたこと

その中には、あなたしか作ることのできなかった資産が必ずあります。

書き出してみれば気づくはずですが、**どんな人も、貴重な資産をたくさんもっています**。それなのに、ほとんどの人がその資産と向き合っていません。とても、もったいないのです。

なぜ、自分の資産と向き合えないのか。それは、過去の失敗や、思い通りにいかなかった展開にフォーカスしているからです。

たとえば、40歳のあなたが、18歳のときの失敗を未《いま》だに引きずっていて、他の素晴らしい経験や選択を評価できていない。そんなことがよくあるのです。

でも、年表で人生を振り返ってみると、これまでの人生の新たな側面が見えてきます。18歳の失敗がターニングポイントとなって、20代で選択したことがあるからこそ、30代、40代の自分があるという事実が見えてくるはずです。

そう考えると、18歳の失敗も、立派な資産だといえますね。そこに気づきはじめると、他の出来事にも次々に光が当たりはじめるでしょう。

丁寧に過去と向き合い、人生を再評価することで、自信は必ずついてきます。

前に進むために必要なのは、ちょっとした自信。「自分って、意外にちゃんとやってきてたかも」という「認知」なのです。

「龍使い」になるための心のコントロール法⑤
「リセット参拝」をする

人間は、思った以上に「気分」に左右される生き物です。どうしても、私たちは、気分に振りまわされて右往左往してしまいます。

気分をいかにうまく切り換えられるか。これが、ネガティブな感情を上手にコントロールできるかどうかの鍵です。

気分を切り換える最高の方法が、神社へお参りすることです。

龍とつながるための正式な参拝方法はChapter 5で紹介していますが、日常的にもっと気軽に、神社を訪れてみましょう。

気分を仕切り直すためのカジュアルなお参りを、私は「リセット参拝」と呼んでいます。

神社にいる神様は、いつでもあなたを大歓迎してくれます。そんな神様を「最高の友人」だと思ってください。

気の置けない友だちなら、グチでも弱音でも何でも言えますね。

神社でお参りしたら、しばらくベンチに座ったり境内を散策したりして、友だちである神様がとなりにいると思い、心ゆくまでいま思っていることを話してください。

遠慮しなくてもいいですよ。神様はあなたの味方ですから、境内に全部置いてくるつもりで、嫌な気持ちや忘れたいことを吐き出しましょう。

感情を出し切ってスッキリしたら、きっと気分がリセットされ、心が軽くなっているはずです。

「龍使い」になるための心のコントロール法⑥
「希望スイッチ」を入れる

気分を切り換えるためにできることは、普段の生活でまだあります。「自分を心地よくする時間」をもつことです。

「穴掘り思考」をしてしまう人は、「しっかりしなきゃ」「もっと努力しなきゃ」と、自分をつい追い詰めてしまう傾向があります。「心地いいことなんてもってのほか」「修行のようにがんばらないと成長できない」と考えてしまうのですね。

それで、本当はもう十分行動できているのに自分を認められなかったり、実際は順調なのに、「なぜ、もっとうまくいかないんだろう」と悩んだりしてしまうのです。

そんなスパイラルに入りそうなときは、少し休んでリラックスしましょう。でも、いつもと同じことではなく、**「心地いいこと」を意識してやってみる**のです。

たとえば、普段より高価な入浴剤やコスメを使う、ラグジュアリーホテルのラウンジでティータイムを過ごす、高級エステや高級レストランに行く、自分のために花束を作ってもらうなど、「ちょっとぜいたくかも」と思えることをおこなう。**自分を雑に扱うのではなく、丁寧に扱ってあげる**という感覚です。

また、日常生活の中でも、自分を丁寧に扱うことを意識してみてください。丁寧にメイクする、丁寧にお風呂に入る、丁寧に料理するなど、一つひとつのことに時間と、手をかけながらやってみましょう。

すると、満足感や達成感が味わえます。きっと、「自分って、けっこういい感じ！」「私って意外とイケてる！」と思えるはずです。また、状況自体は変わらなくても、不安感が消えていきます。

そうすると、「希望スイッチ」をパチッとオンにすることができるのです。

龍は「世のため、人のため、そして自分のため」に生きる人が好き

ネガティブな感情に対処する心のコントロール法、しっかり受け取っていただけたと思います。

ここからは別の角度で、龍に信頼され、好かれるための基本的なスタンス、龍が「この人は、見どころがあるな」「この人の後押しをしよう」と思ってくれる生き方をお伝えします。

龍が後押ししたくなる人の行動基準は、明確です。

「世のため、人のため、自分のため」

この3つが三位一体となった生き方を、龍は応援したいと思っています。

でも、「世のため、人のため」といっても、社会運動やボランティアをしなければならないわけではありません。いま自分のいる日常に根ざして、人や社会と関わっていく。このスタンスで十分です。

大切なのは、3つがそろっていること。どれかひとつだけでは、人はバランスよく成長できません。

「自分のため」に他の人を蹴落とそうとする。自分や家族の生活は置き去りにして、「世のため」に奉仕活動にのめり込む。「人のため」に自分の気持ちを偽る……。

そんな生き方は勘違いだと龍は言いたいのです。

では、具体的には何をやればいいでしょう。

特別な技術も、才能も、お金もいりません。

いまいる場所で、自分や周囲のために、自分にできることを精いっぱいや

る。じつはそれが、「世のため、人のため、自分のため」になります。

そして、あなたの「天命」を生きることにつながります。

「天命」というと、社会的に認められる大事業に取り組む、あるいは、スポーツや芸術、ビジネスの世界で活躍することだと思っている人は多いかもしれません。

また、天命とは、一部の人だけに与えられたスペシャルなものだと思っている人もいるでしょう。

しかし本来の天命は、人から注目される特別な職業についたり、華やかな社会活動をしたりすることではありません。日常生活にしっかり根ざしたものです。

そして、この世に生きているすべての人が、この天命をもっています。

天命を生きると龍が関わってくる

「天命を生きたい」と人が願ったら、あるいは、天命を生きはじめたら、龍が関わりはじめます。

それが「世のため、人のため、自分（龍）のため」になり、あなたの成長につながるからです。

まず、天命とはどんなものかについてくわしくお話ししましょう。

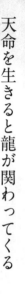

きっとあなたがいま思っている「天命」とは、まったく違うということがわかっていただけると思います。そして、あなたという人間についても、より理解が深まるはずです。

天命に大きく関わるのが、Chapter 2でお話しした一霊《いちれい》四魂《しこん》です。直霊《なおひ》に、天命が書き込んであるというお話はすでにしました。

この直霊は、「分け魂《みたま》」とも呼ばれます。直霊が誕生するときに、複数の神様からそれぞれの「魂」を分けてもらうからです。何柱の神様から魂をもらうかは人によって違いますが、平均10柱くらいだと思ってください。

なぜ、神様はわざわざ人間に魂を分けてくださるのだと思いますか？

それは、この三次元に神様の力を表し、人間とともに栄えていくためです。

龍は、私たちがこの目的を果たせるようにサポートしてくれます。

人間が神様の力を借りて、「世のため、人のため、自分のため」に生きると、神様にもいいエネルギーがどんどん届きます。これは、神様自身を生かすことにつながります。それで神様は、人間に魂を与え、力を貸し与えてくださるのです。

龍と同じように、神様にもそれぞれの得意分野があります。

ですから、**どの神様が魂を分けてくださったかによって、あなたが得意な**

ことや好きなことは変わってきます。

たとえば、あなたの直霊が10柱の神様から魂を分けていただいたものだとしましょう。そうしたら、あなたは10通りの得意分野をもつことになります。天命を生きるとは、この世でその直霊を使って生きること。あなたの直霊がもつ神様の得意分野を世界のために生かすことです。

直霊は、人間が転生しても変わりません。前世も、今世も、来世も、私たちは同じ直霊で生きていきます。

ところが、四魂は違うのです。四魂は、生まれ変わるたびに変わります。**人間に四魂を分け与えてくれるのは、今世のあなたを守る産土神《うぶすながみ》**だからです。

お話ししてきたように、四魂はその人のセンサーとして働きます。直霊は同じでも前世と今世ではもっているセンサーが違うということになります。**違うセンサーで生きれば、当然ながら違う情報をキャッチします。**だから、同じ直霊だったとしても、生まれ変われば、その人はまったく違う人生を送ることになるのです。

複雑になってきましたか？　整理しますね。

直霊は複数の神様からもらい、数千年にわたって生きつづけます。

直霊をくれる神様は、産土神（土地神）より格上の神様たちです。この中には、格の高い龍神も含まれます。

一方、四魂は胎児のときに過ごした土地にある産土神からもらいます。

一霊四魂はセットとなって働き、人間の一生を進めていきます。

どちらも、神様から分けていただいた大切なもの。だからこそ、私たちは、一霊四魂を大切にして生き、この人生で磨きつづけなければならないのです。

本当の天命は「職業」ではない

では、この世での命が終わるとき、一霊四魂はどうなると思いますか？

肉体は土に帰りますね。四魂は産土神のもとに戻ります。**人間が磨いた四魂が戻っていくことで、産土神も成長します。**

「あの世」に行くのは、直霊だけです。

あの世では、今世であなたがやったこと、話した言葉、出会った人などがすべてファイリングされ、来世では思い出せないようにベールをかぶせられます。そして、あなたという直霊は、次の人生へとまた生まれ変わっていきます。

そんな直霊の旅は、数千年単位で続きます。

その旅の中で、**今世であろうと来世であろうと、同じ直霊で生きつづける**

限り、一貫してやることを「天命」と呼ぶのです。

つまり天命とは、「何千年もの単位で、膨大な時間を費やして取り組んでいくこと」です。

それにひきかえ、人の一生なんてたかだか80年ですね。

「一生をかけて天命を達成する」といいますが、天命は、そんな短い時間で成し遂げられるものではないというわけです。

当然、いまの私たちの感覚や社会常識ではとらえきれません。現代の価値観で枠にはめるのは無理があります。本来の天命というものは壮大かつ抽象的すぎて、人間が誤解してしまったり、正確にとらえられなかったりする部分も出てくるのです。

「それなら、現世で天命を生きるなんて無理！」

こう言いたくもなりますね。

でも、「いまいる場所で、自分や周囲のために、自分にできることを精いっぱいやること」が天命を生きることにつながります。

何千年のスパンでとらえるべき天命を、むりやり理解しようと右往左往するより、いま目の前にあるものに取り組むほうが、何十倍も早く天命を生きられるようになるのです。

「でも、いまの仕事は単調でつまらないから、天命なんかじゃない」

「不本意な仕事をしているから、これは天命とはいえない」

あるいは、「私は専業主婦だから、何か仕事をしたほうがいいのかしら」と思う人もいるかもしれませんね。

でもそれは、大きな誤解です。「天命＝職業、天職」ではありません。あなたの「できること」「得意なこと」は、仕事以外にも、たくさんあるはずです。

それは、いつも笑顔でまわりを元気にすることかもしれません。優しい言葉で人をリラックスさせることかもしれません。または、掃除や料理を完璧にこなして、家族を喜ばせることかもしれません。

お金の計算や人との交渉ごとが得意な人もいれば、リーダーシップを発揮してグループをまとめるのがうまい人もいるでしょう。あるいは、動物や植物が大好きで、世話をするのが誰よりも得意な人もいるはずです。

自分の個性や特性と向き合い、それを生かし切ろうとしたとき、はじめてあなたは「天命を生きる道」を歩いているといえます。

職業は、そこに付随するひとつのツールにすぎません。

自分が「天職だ」と思って取り組んでいるものでさえ、**壮大なあなたの天命の「ひとつの側面」にすぎないのです。**

5年かかるところを1年で達成できる龍の時代

いま、あなたの目の前にあることは何でしょう？　それにきちんと向き合ってみましょう。

ただし、必ずチェックしてほしいことがあります。

天命とは、自分の個性や経験、得意分野すべてを含めて自分が生かせることでした。でも、誰かの役に立っていなければ、「自分を生かしている」とはいえませんね。つまり、**自分ひとりで完結することは、天命とは呼べないのです。**

ですから、「これが自分の天命だ」と思ったとき、その天命を生かす場所を探してください。

たとえば、自分は料理が得意だなと思ったら、心を込めて家族や友人のために手料理を作る。事務作業が得意なら、職場や地域活動、趣味などのグループでその手腕を発揮する。自分の作った作品があるなら、それを発表する。

人と関わる「公」の場を探して、自分の個性や技能を生かすのです。

すると、人から喜んでもらえます。あなたもうれしくなり、さらにがんばろうと思えます。また、天命に取り組みつづけるために必要で、あなたにできないことがあれば、代わりにやってくれる人も現れます。

このような流れが人生に起きることを「成長」と呼びます。**この流れが始まると、龍は喜んでますますサポートしてくれます。**

あなたの天命が本当に適切なものであれば、龍が関わりはじめることで、急激に成長が早まります。

それまでゆるやかな右肩上がりだった曲線が急上昇し、人生のステージがあっという間に変わるという体験ができるでしょう。いまは、**これまで5年の努力が必要だったところを1年の努力で達成できる龍の時代ですから。**

そんな変化の中で、天命もグレードアップします。

天命の本質は変わりませんが、その影響力は増大するのです。時代の後押しによって、本来であれば、**生まれ変わらなければ起こらないグレードアップがこれからは起こります。**

天命を生きることで、あなたは、いまの人生の中で別の新たな人生を生きる感覚が味わえるでしょう。

Chapter 4

確実に願いを届ける方法
～龍使い養成講座3～

龍を呼ぶ空間作り

普段から心地よい場所で暮らしていると、龍もその心地よさに引き寄せられてやってきます。

龍はスッキリした空間を好むので、本当に大事な物だけを残し、不要な物は片づけましょう。

また、**龍は自然との親和性が高い存在**ですから、部屋に自然の要素を取り入れると、あなたが過ごしやすくなるだけでなく、龍も喜んで訪れてくれます。

部屋に自然を取り入れる方法をご紹介しましょう。

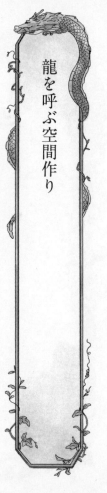

部屋に風を通す

龍は風通しのいい部屋が大好きです。

彼らを呼び込みたいと思ったら、まず窓を開けましょう。**風に乗って龍が訪れやすくなります。**風通しの悪い部屋や窓を開けにくい環境に住んでいたら、換気扇を回してもいいですよ。

いい香りを漂わせる

龍は、お香やアロマオイル（精油）、生花の香りなど、「いい香り」を好みます。ただし、濃い香りは苦手なので、**そこはかとなく漂うくらいの香りがベスト**です。

お香やアロマオイルは化学物質の混じった合成品ではなく、なるべく自然の素材で作られたものを選んでください。あなた自身がリラックスしていることが大切ですから、自分が心地いいと感じる香りを選んでください。

自然の音を流す

水の流れる音や水滴の落ちる音、風の音、森の音……など、自然の音は龍を引きつけます。

特に、**森の中でせせらぎや鳥の鳴き声などを録音した環境音楽が効果大**です。

都会はもちろん、自然豊かな環境に住んでいても、人の住む空間はどうしても「人間の波長」が強くなってしまいます。そんなとき、環境音楽は自然のエネルギーを補充し、龍の好きな空間を作ってくれるのです。

龍の絵や置物を置く

龍の絵や置物があると、目に入るたびに**龍を意識でき、波長が合いやすくなります。**大好きなアイドルのポスターを飾るような感覚で、「素敵！」「かっこいい！」と思うものを飾りましょう。テンションも上がり、龍とコンタクトしやすくなりますよ。

また、龍の描かれたお守りや絵馬を飾っておくと、龍を呼ぶゲートのような役目を果たしてくれます。

太陽光を取り入れる

龍は、日当たりのいい部屋、明るい部屋に訪れます。**光の波長とも親和性が高いため、光があふれる空間が好き**なのです。窓ガラスや鏡はピカピカに磨きましょう。もし、間取り的に部屋が暗い場合は、照明で明るくする、窓辺にサンキャッチャーを下げるなどの工夫をするといいでしょう。

「8」を使って、龍を呼ぶテクニック

神道には、「数霊《かずたま》」という考え方があります。

言葉に「言霊《ことだま》」という力があることは有名ですが、私たちの先祖は、「数」にも力が宿ると考えていたのです。

その中で**「龍神の数字」といわれるのが「8」**です。この数字は永遠に止まらない循環を表し、新しいエネルギーを呼び込みます。

龍は、胴を無限大「∞」の形に曲げ、時空をワープします。これを縦にすると、「8」ですね。

また、龍が口を大きく開けたとき、口腔《こうこう》内に「8」の形をしたエネルギーの渦巻きが現れます。

この「8」が、ひんぱんに登場するようになったら、龍が近くにいるというサイン。あるいは、龍があなたの運命に関わり出したというメッセージです。

逆に、**「8」を意識することで、龍との関わりを深めることもできます。**

たとえば、神社参拝は8月8日（この日は龍の日と呼ばれています）に行く。8時8分に龍への願い事をする。8つのお願い事をする。指定席で8番を取る。八角形の皿や入れ物を使う。料理する際には8種類の材料を使う。

食材を8個に切る……など、日常のいろんなシーンで「8」を利用して、龍の力を借りていきましょう。

数の力を借りれば、龍が働きやすい環境が整い、その効力がより現実に現れやすくなります。

ここで、「8」を使って、龍を呼ぶテクニックをお教えします。

八角形という形と香りで結界を作り、そこに龍を呼び込む方法です。**ティッシュペーパー（以下、ティッシュ）とアロマオイルがあればすぐできるミニ結界で、龍とつながりましょう。**

龍を呼ぶミニ結界作り

①ティッシュを小さく丸めたものを8つ作る

完全な球形にしなくても、クシュクシュッとある程度丸くすれば大丈夫です。

②丸めたティッシュに、アロマオイルをほんの少し垂らす

自分が心地いいと感じる香りを選んでください。オイルの種類にもよりますが、1個に1滴だと多すぎるので、ティッシュの一部分をわずかに湿らせるくらいが適量です。アロマオイルが肌に触れないよう注意してください。

③8個のティッシュを床に置き、人ひとりが入れるくらいの大きさの八角形を作る

正八角形を作る必要はありません。

④八角形の中に入り、龍への願い事や、イメージワーク（206ページ）をする

集中力やイメージ力が増して龍とつながりやすくなり、御神気をたくさん受け取ることができます。終わったらまとめて部屋や玄関に置き香りを楽しんでください。

自然の力を使えば24時間、龍のエネルギーはチャージできる！

普段から龍のエネルギーをチャージしていると、**「通りのいい体」**になり、**参拝に行ったときやお願い事をするときに、龍の効力が働きやすくなります。**

龍のエネルギーの補給には、彼らと親和性が高い自然の力を借りましょう。

「24時間、龍のエネルギーはチャージできる！」

そんな意識で生活してみてください。

それぞれのシーンでできることを、自然の要素ごとにお話ししていきましょう。

風を使う

もっとも簡単な方法は、うちわや扇子であおぐことです。すると風が起きますね。

飛行機や新幹線など、高速で移動する乗り物に乗ったときや、自転車や車を運転しているときもチャンス。**「いま龍のエネルギーをチャージしている」とイメージしてください。**一瞬フッと意識を向けるだけで、龍のエネルギーをきちんと受け取れます。

ダイナミックな龍のエネルギーに比べれば小さいかもしれません。しかし、風が起こればそこに龍のエネルギーが宿ります。小さな積み重ねが、いつか大きなパワーになります。

水を使う

龍は流れる水に宿ります。プールで泳いだり、水遊びをしたりする際に、**龍のエネルギーを意識して水と戯れてみましょう。**また、お風呂のお湯をためているときやシャワーを浴びているときにも、水の流れによって、龍のエネルギーがチャージされます。

ほかにも、ガーデニングで草木に水をやっているとき、ホースを使って庭先や玄関に水まきをしているときなど、水を使うシーンでは龍を意識してみてくださいね。

土を使う

散歩やウォーキングをする際、芝生の上など安全な場所を選んで裸足《はだし》で歩き、**足の裏で土や芝生の感触を味わってみましょう。**大地に宿る龍のエネルギーをチャージできます。砂浜を裸足で歩くのもおすすめです。

観光地などで砂蒸し風呂を体験してみるのもいいですよ。体が砂に埋まり、全身で大地の龍のエネルギーを受け取れます。また、登山やガーデニング、農作業などでも、土からエネルギーを補給できます。

火（光）を使う

たき火やキャンプファイヤー、暖炉、キャンドルなどの火にも、龍のエネルギーは宿ります。**ゆらゆらと揺れる炎に、龍のエネルギーを感じましょう。**料理でも火を使いますから、煮炊きしているときの熱エネルギーに、龍が宿ると考えてください。

屋外を歩いているときに太陽光を浴びたり、日光浴をしたりする際にも、龍からのパワーをチャージできます。

また、キラキラしたアクセサリーを身につけると、光を反射して龍を呼び寄せ、パワーをもらうことができます。

木を使う

アロマオイルには、草木の「気」が宿っています。普段から、アロマオイルを使ったフレグランスやバスグッズを活用することで、龍のエネルギーをチャージしましょう。

公園や森に行ったときには、**なんとなく気になる木のそばに行って、ときには触れたりしながら、そのエネルギーを感じてみてください。**そばにいる龍の気配や、木に宿っている龍の波動を感じたりすることができます。

「龍使い」の食生活は「色」を意識せよ

人を動かすエネルギー源は「御神気」「細胞」「食べ物」の3つのエネルギーだということを、Chapter 1でもお話ししました。**「龍使い」として大切**

になるのが、この3つのエネルギーバランスをしっかり整えることです。

でも、龍とのつながりができると毎日が加速しはじめますから、そこまで意識が向けられない場合もあります。

しかし、ありがたいことに、私たちの体は3つのエネルギー源を必ずしも3分の1ずつ均等に使わなくても、機能するようになっています。

御神気が足りないときは、細胞や食べ物からのエネルギーが使われ、食事がおろそかになっているときには、御神気と細胞のエネルギーを発動するのです。

そんなふうに、どのエネルギーをどの程度使うかのバランスを、体が自動的に取ってくれます。

とはいえ、**自分で栄養バランスを意識して食べれば、その分だけ御神気や細胞のエネルギーを有効に使えますね。**

「龍使い」の体をサポートする食生活のポイントは、面倒な栄養計算をしたり、一日何品目も食べることに気をとられたりしなくても大丈夫です。次の

2つのポイントだけを押さえましょう。

①赤・黄・緑の3色を意識する

体に必要な栄養素は、たんぱく質、炭水化物、脂質の三大栄養素にビタミン、ミネラルを加えた5つです。この5つを簡単にバランスよく摂《と》る方法があります。メニューを考えたり、外食したりするときに、「赤・黄・緑」の3色を意識するのです。

赤…たんぱく質（肉、魚、卵など）
黄…炭水化物、脂質（ご飯、麺、パン、イモ、油、乳製品など）
緑…ビタミン、ミネラル（野菜、果物、キノコなど）

実際には毎回すべてを選べなくてもかまいません。**意識を向けること自体に、意味があるから**です。この3色を摂ろうと意識することが、自然に「御神気」「細胞」「食べ物」の3つのバランスを取ることにつながります。

②栄養バランスは、1週間単位で考える

栄養学的に見ても、3色のバランスは、1週間単位で取ることを考えれば十分です。「今日は、朝はトーストとコーヒー、昼はうどん、夜はパスタだけだった」という「真っ黄色」の一日があっても大丈夫。次の日以降、赤と緑を意識して多めに摂れば調整できます。

また、龍の後押しが来て御神気が巡っているときは、自然に体にいいものを食べたくなる傾向があります。細胞を流れるエネルギーも変わり、どういうわけかジャンクフードではなく、野菜や果物など体にいいものを欲するようになるのです。ですから、3色を意識しながら、そのとき食べたいものを楽しみながら味わう。このスタンスで体に必要な栄養がしっかり摂れるようになるでしょう。

ちなみに、**日本酒には龍のエネルギーを体になじみやすくさせる作用**があります。神社参拝後や、龍にまつわるパワースポットを訪れたあとなどに飲

むとよいでしょう。

お酒を飲めない方は、料理酒として使うのもおすすめです。

龍に願いを確実に届ける3つのステップ

さあ、基礎作りはしっかりと終わりました。

いよいよ、「龍使い」として彼らとつながり、あなたの願いを届けていきましょう！

いくつかのポイントを押さえるだけで、あなたの思いが龍にスッと伝わりやすくなります。もちろん、それは願いがかないやすくなるということです。

スムーズに願いを届けるために、次の3つのステップを参考にしてください。

ステップ1　願い事を書き出す

あなたは、龍にどんなことをお願いしたいですか?

いま、自分がお願いしたいと思っていることを、まずはすべて書き出してください。

書く作業には、脳内の雑多な思考をアウトプットして自分の思いを精査し、モヤッとしていた願いの「輪郭」を浮かび上がらせるという効果があります。

ノート、スケジュール帳、スマホのメモ機能など、あなたが書きやすく保管しやすいものであれば、何でも大丈夫です。

龍に願い事を聞いてもらう数はたったひとつ、あるいは、魔法のランプのように3つまで……ということはありません。**極端なことをいえば、100個でも200個でも願いを受けつけてくれます。**

でもその願い事の分だけ、私たちも「自力」を発揮する必要が出てきます。お願いしっぱなしではなく、自分でもできる限り努力する姿勢が問われるというわけです。

もちろん、数十個の願い事をして、期間を区切り、集中して努力するというやり方もできなくはありません。けれど、現実的に見れば、**ひとりの人が同時に意識して努力できる数は、どんなに多くても10個前後ではないでしょうか。**

願い事の優先順位を決めることも大切です。それは、書き出す作業の中で自然と明確になっていくでしょう。

ステップ2　願い事の細部には執着しない

龍にお願いするときは、ある程度、彼らの**「自由裁量」にゆだねたほうが早く願いがかないます。**

結婚や素敵なパートナーとの出会いをお願いする場合は、「細かなことはおまかせします。自分に合う人が見つかりますように」「ともに幸せに成長できる人と結婚できますように」という具合です。

おすすめは、「絶対にこれだけは外せない」という条件を、1～3つほど設定しておくことです。

漠然とした願いでも、龍はきちんと受け止めて最高のルートへ乗せてくれます。

ただ、そのルートには、予想外の展開に思えることも含まれているかもしれません。

だから、人生にどんな変化が起きても、逃げずに対応する覚悟、大きな変化も受け止められる覚悟が求められます。

でも、変化を怖いことでも苦しいことでもなく、「成長のチャンス！」と受け止められる姿勢があれば、大丈夫。龍はあなたをしっかり目的地へ運んでくれるでしょう。

ステップ3　プレゼンするように願いを届ける

願い事は決まりました。では、その願いをどのように届けるのか。

龍に対して、自分の願いを「プレゼン」すると思ってください。そう、仕事でよくおこなうあのプレゼンです。

龍は、人間ができないご縁つなぎやシンクロニシティをアレンジし、驚くようなスピード感で目標達成を後押ししてくれます。その代わり、私たちに成長することを求めます。

だから、願いを具体的に伝えたあとは、**「願いをかなえて成長します」「成長するので、願いをかなえてください」と意思表明し、その言葉通り努力するのです。**

通常のプレゼンでは一方的にお願いするのではなく、「我が社は○○しますから、御社の○○を提供してください」「このプランの○○は○○の成果を上げられるので採用してください」などとアピールしますね。それと同じです。

ときどき「お願い事は過去形で言う、願い事がかなったイメージをしながら祈るほうが、実現しやすい」という話も耳にします。

しかし、**この場合はあくまでも龍へのプレゼンです。過去形で言うのはお**

かしいですね。お願いされるほうとしては「もうかなってるの？　じゃあ、いいよね」という話になってしまいます。

また、プレゼンの仕方として、自分の見栄《みえ》や欲のためでなく、周囲へ貢献するという視点があること。また、「成長」や「変化」という言葉を意識すること。この2つが大切です。

歴史上でも、多くの為政者や武将、豪商たちが、神仏に願い事をする際に「プレゼン」をしてきました。「心願が成就したあかつきには、社殿や財宝を寄進します」と約束した文書がいまも残っています。

たしかに寺社を守るために経済的な援助は必要ですが、龍があなたに望んでいるのは、人間的な成長です。だから、「成長します」「精いっぱい努力します」と宣言し、お願いするのです。

人間の〝成長〟が龍にとっての〝おいしいご飯〟

人間が成長することは、龍にとってみれば、良質なエネルギーをたっぷりもらえることになります。

それまで、お味噌汁《みそしる》と焼き魚の普通の献立だった夕食が、フルコースのディナーに変わるようなものです。

もちろん龍は、それにつられて願いをかなえてくれるわけではありません。

また、龍と人間が取引をするわけでもありません。

でも、このように進んでいくことが、お互いのメリットになります。**誠意をきちんと伝えることは、絶対に必要なのです。**

さて、ここで問題です。

「お金が欲しい！」と願ったとき、龍はその願いをかなえてくれると思いますか？

もうわかっていただいていると思いますが、単純に「金運をよくしてください」「お金がやってきますように」では、その願いはかないません。

あなたの成長に役立つお金でないと、いくら懸命に祈っても願いは通じないのです。

でも、具体的にあなたの成長のためになるなら、そして、そのための努力をするなら、龍はその願いがかなうよう、ありとあらゆるサポートをくれるでしょう。

「旅行に行くことで私はこのように変化したいのです。そのための旅費をください」

「このセミナーに参加することで大きく成長します。その参加費をお願いします」

そう宣言することが、**龍に対する約束になり、そこから龍のエネルギーが動き出し、現実に影響を与えはじめます。**

そのためにも、願いを書き出し、自分の気持ちを明確にしておく必要があるのです。

どうでしょう。願いの届け方のイメージをわかっていただけたでしょうか。

8つのポイントで運はさらに上昇し出す！

龍へのお願いをすませたら、いよいよ変化のとき！　あとは、龍が最善のルートに乗せてくれます。

でもお願いしたあとに何を意識して過ごすかで、運の上昇度が変わります。

何を意識して行動すればいいのか、ポイントは8つあります。

ポイント1　「小さな一歩」を踏み出せば、龍が「大きな飛躍」にしてくれる

もっとも大切なポイントは、あなた自身が行動を起こすことです。

ポイントをひとつだけ選ぶとしたら、これ以外にありません。どんなに心で願い、龍からの導きが来ても、**あなたが行動しなければ、運気は変わらない**ので気をつけましょう。

たとえば、あなたが画家になりたいのであれば、少なくとも絵筆を取って絵を描くこと。就職したいのであれば、履歴書を送り面接を受けに行くこと。旅行に行きたいのであれば、行きたい場所の情報を集めはじめること。

とにかく、**小さくてもいいから一歩ずつ前に進むこと**。すると、龍はその一歩が大きな飛躍になるよう、取りはからってくれます。

ポイント2　龍のメッセージを素直に受け取る

龍にお願いしたあとは、いろんな情報やサインがやってきます。

龍が「これをやれば？」「こんなところに行ってみたら？」と送ってくる

その**情報をキャッチして行動する、素直な感受性をもってください。**

ときには、龍から「いまは動くときではない」というストップサインが出る場合もあるでしょう。物事がなかなか進まない、ちぐはぐな行き違いがある。そんなときです。

常に前進するだけが「行動」ではありません。長い目で見ると、そんなときに自分の意志に固執せず、止まっておける素直さが重要になってくるのです。

また、龍の願いは人間の成長なので、人からの苦言や叱責という形で後押しが来ることもあります。そんなとき、**卑屈になったり怒ったりせず、素直に受け止められるかどうかも、大きなチェックポイントです。**

ポイント3　突然のチャンスに動けるノリのいい人になる

龍に願い事をすると、人からの誘いや依頼という形でチャンスがやってきます。

たとえば、新たな分野へのチャレンジを勧められる。以前から会いたかった人と引き合わせてもらえる。ご縁のなかった集まりに誘われるなど……。それにどんどん乗って、自分の成長につなげていければ、運気上昇は加速していくでしょう。

ところが、誘いや依頼は、だいたい突然やってくるものです。

そうすると、人間って戸惑ってしまう生き物なのですね。「え⁉ 私でいいの？」「やっぱり、無理かも」と二の足を踏んで、せっかくの機会を逃してしまうことがあるのです。

そうならないために、龍にお願い事をしたら、**「これから、変化の時期だぞ！」と心の準備をしておきましょう。**

いつでも「スタンバイＯＫ」の態勢にしておくのです。

少し迷う場合や気後れする場合でも、「えいや！」で前へ進むノリのよさ。

これを意識してください。そうすれば、チャンスが来たときにあわてたり焦ったりせず、しっかり受け止められます。

ポイント4　天命へと動き出す「変化」に敏感になる

チャンスが来る前には、必ず「サイン」が来ています。このサインに気づいていると、チャンス到来のときには準備万端。「来た、来た～！」と、サッと対応できます。

サインは本当にささいなものです。でも、どんどんやってきます。そして、気づくのは簡単です。

大まかには、2つの変化に注意してみてください。

ひとつは、自分の「好み」の変化です。たとえば、服装や色、食べ物、本や音楽、インテリア、スポーツや映画のジャンルなど、誰にでも好みや趣味がありますよね。それが、いままでとは変わりはじめるのです。

なぜ、好みや趣味が変わることがサインになるのか。

それは、これから**あなたという「個」がさらに際立つための最初の一歩が、好みや趣味の変化として現れるから**です。

「世のため、人のため、自分のため」に、自分を生かすことが天命を生きることです。天命へと進むためには、あなたという個人の資質が輝かなければなりません。そのために、好みや趣味の変化がまず起こるのです。

あなたが普段かもし出す雰囲気は変わり、引き寄せる出来事も変わるでしょう。それが次の展開へとつながり、突然のチャンスになって人生にやってくるというわけです。

サインは、あなたがキャッチする情報の変化としてやってくることもあります。

龍にお願い事をしたあと、あなたはこんな体験をするかもしれません。

「いままで目に止まったことのない本や雑誌が気になる」「いつもなら通らないルートを通ってみたくなる」「普段は気づかない映画のポスターやキャッチコピーが目に飛び込んでくる」……など。

大切なのは、そのときに得た情報をスルーしないことです。気になることを実行したり、行きたいと思った場所に行ったりしてみると、そこに、これからのあなたを変える人や趣味、仕事と出会うというパターンがよくあります。ぼんやりしていると、せっかくの兆しを見逃してしまいますよ。

ポイント5 「毎日、龍からのサインだらけ!」と考える

龍と関わると起こりはじめるのが、「ひらめき」や「シンクロニシティ」です。

ふとひらめいて足を運んだお店に、前から欲しかった品があった。

何気なく見に行った映画の中に、問題を解決するヒントがあった。

なんとなく遠回りした道で、旧友に再会した。

そんな出来事が起こりはじめるのです。それは、「偶然」や「たまたま起きたラッキーな出来事」ではありません。

あなたの願いを受け取った龍は、その願いがかなう未来へあなたを導くために、さまざまな作用を働かせます。そのひとつが、日常でビビッと感じるひらめきであり、シンクロニシティなのです。

小さなひらめきを大事にしながら行動すると、どんどん物事が展開します。

1か月、2か月、3か月と続けるうちに、あっと驚く大きな変化になるでしょう。

ひらめきやインスピレーションを受け取るコツは、**目に見える世界のあちこちに、龍からのメッセージがあるかもと思って過ごすこと。龍とテレパシーが通じ合っていると考えることです。**

たとえば、仕事や買い物に出かけるとき、いつもと同じ風景の中を歩きますよね。その風景は、龍からのサインだらけと思って歩いてみてください。

ゲームみたいで楽しいと思いませんか？

ポイント6　定期的にチェックして龍に声かけをする

ノートやスマホに保存している願い事は、定期的に見返しましょう。

でも、来る日も来る日もノートを開いて、「いつかなうのかな」「まだ変化が起きないな」と考えるのは、時間の無駄です。

一度お願いをしたらあとは龍にまかせ、願い事は、いったん忘れるくらいでちょうどいいのです。あまりにこだわりすぎると、執着になってしまいますから。

普段は、自分のやるべきことをしっかりやる。そして、月に一度くらい、進捗状況をチェックする。その程度で十分です。

でも、完全に忘れてしまってはいけません。だから、たとえば満月や新月の日、月初め、願い事をして1か月後など、自分で設定した日にちに願いを見返します。

ただし、あくまでも自分の意識確認が目的です。

「そうそう、この願い事に向かっているんだよね」「いい感じで進んでるから、次はこれをやろう」。そんな感じで、自分の現在地を確認して、日頃どのくらい目標に向かって行動できているかを見てください。

ただ、**くれぐれも、「反省」はしないでくださいね。**

たとえば、過去1か月を振り返ったとき、婚活中なのに忙しくて、誘われたお見合いパーティに行けていなかったとします。そうしたら、「ああ、せっかく誘われたのに行けなかった」と考えると、穴掘り思考が始まってしまいますね。そうではなく、「お見合いパーティに誘われる」という龍からのサインをキャッチできたことにフォーカスしてほしいのです。そうすれば、「来月は必ず行こう」と、あらかじめ調整できます。

もうひとつ、このとき意識してほしいことがあります。

願いをかなえるために動いてくれている龍に、「よろしくね!」と声かけすることです。**あなたが願い事をしたとき、龍は時空を越えて未来へ行き、その未来からいろいろな采配をふります。**「長期出張」であなたのために働いている龍にエネルギーを送ると、彼らはさらに張り切ります。龍にこちらからエネルギーを送らせてもらうイメージで、ポジティブな思いを向けましょう。

変化が起きていないと感じるときは、次のようなケースがあります。

「龍からのサインを見逃し、行動ができていない」「願い事があなたの本心とは違う」「願い事が大きすぎて、実際には変化しているのに実感がない」。

このあたりも、チェックの大切なポイントです。

ポイント7　感謝して、龍を喜ばせる

龍をもっとも喜ばせるのが、彼らに対する感謝です。

もともと龍は、人間からその存在をスルーされつづけてきました。無視されることに慣れているからこそ、**感謝が一番の「お返し」であり「手土産」になる**のです。

神社へ行き、神前で祈ることができればベストですが、なかなか足を運べないときもあるかもしれません。龍が関わりはじめると人生が加速するので、むしろ日常生活は超多忙になります。

もちろん、お礼にお参りしたいという気持ちは大事です。でも「ああ、お参りに行かなきゃ」と考えはじめると、それが制限になってエネルギーがダウンしてしまいますよね。そんなときには、**自分のやるべきことをきっちりやるほうがいいし、龍にとってもそのほうがうれしい**のです。

神社に行けないとき、感謝の気持ちは空に向かって伝えましょう。そうすれば、龍は必ずその思いをキャッチしてくれますから。

ポイント8　プロセスに固執せず龍におまかせする

ポイントの最後に、願いを確実にかなえる秘訣《ひけつ》をお教えします。

それは、「願いがかなうプロセスにこだわらないこと」です。

人間は集中力の強い生き物です。虫メガネで太陽の光を集めると紙が焦げますね。人間の意識をフォーカスさせると、あんなふうに物事を変えられる力があるのです。

意識の力は、本来いい作用を及ぼします。でも、ひとつの考えだけに集中しすぎると、それが執着や制限になり、うまくいくものもいかなくなってしまうのです。

どういうことかお話ししますね。

たとえば、あなたはAのルートで願いをかなえたいと願っているのに、龍の視点では、Bのルートでかなえたほうが早道だとわかっていたとします。**龍は俯瞰《ふかん》して物事を見られる**ので、一時は遠回りに見えたとしても、Bルートを通ったほうが結果的に早いことを知っていたりするのです。

そのとき、あなたがAルートに執着していると、龍が用意してくれたBルートに乗ることができません。結局、龍の働きを妨げ、願いが遠ざかってしまいます。

私たちは、ダイレクトに目標や夢を達成できると思いがちです。

でも実際、目的地にたどり着くまでには、思いもよらない展開や流れが起こります。落とし穴のようなアクシデントが起きたり、一見寄り道にしか見えない展開になったり……。そのたびに「なんで!?」「本当に願いがかなうのかな」と**ふてくされたり、疑心暗鬼になったりすると、龍が用意してくれた流れに乗れません。**

やってきたサインや出来事が予想外でも、それを受け入れて進むこと。やったことの結果が目に見える形ですぐに出なくても、焦らないこと。

その姿勢があると、結果的に早く進めます。

たとえば、あなたが誰かにやってあげたことに対して、なんのお礼もリターンもなく、無駄な骨折りをしたように見えたとします。でも、その行為の**「お返し」は、何か月後かに、まったく違った形で全然関係のないところから来る場合もあるのです。**

オセロで、ずっと劣勢だったのにあきらめずやっていると、終盤の数手で一気に石が返って大逆転することがありますね。龍が願いをかなえてくれるときは、人間から見たら、そんなことがひんぱんに起こります。

また、願いがかなう期間を「○か月後までに」「○年○月までに」と決めるのも逆効果になる場合があります。

龍が関わるとあっという間に物事が進んで、10日後に願いがかなうこともあり得ます。でも、「1年後」と設定していると、「いや、これは違う」と龍からのサインを見過ごして、チャンスをつかみ損ねてしまう怖《おそ》れもあるのです。

自分の予想とは違う流れがあるかもしれないと、あらかじめ考慮しておくこと。龍は長い目で見て最善のルートを用意してくれると信頼すること。

この2つを意識していてください。

Chapter 5

さまざまな龍とつながれば人生は劇的に変わる

～龍使い養成講座４～

天を司る龍、闇を司る龍

いままで、龍のこと、龍使いになるためのことをくわしくお話ししてきました。

ここからは、龍の種類についてくわしくお伝えしていきます。

まず龍は、龍神と龍に分けられます。

龍神は「神様」という種族の中の「龍神」という存在です。

一方、「龍」という種族も存在します。

龍神と龍の一番大きな違いは、「生き物の生死に関わるか」というところです。また、龍神は守られた聖地や神社にいることが多く、龍は身近な自然などにも存在します。

また龍神は、影響を及ぼす範囲の大きさによって格があります。

なかでも格の高い「ドン」のような存在が、天を司《つかさど》る「高龗《たかおかみ》」と、地を司る「闇龗《くらおかみ》」です。

高龗と闇龗の両方、あるいは片方を祀った神社が各地にあり、両方が合わさって作用するときは、対になってDNAのようならせんを描きます。

闇龗は、「闇」という字がつくので少しダークな印象があるかもしれません。

しかし、陽と陰、光と闇の2つがセットで存在するように、天へ昇るエネルギーがあれば谷へと向かうエネルギーもあります。天がよく、谷が悪いわけではありませんね。

闇龗は、人が標準装備しているネガティブな感情をコントロールして、願いをかなえるための土台作りをしてくれます。闇龗の働きがあるからこそ、私たちは人間らしさを失わず、地に足をつけて前進していけます。

闇龗の働きが人生の基盤を作り、高龗が上昇し拡大していく運気をもたらしてくれると理解するといいでしょう。

人生をどんどん展開させていきたいときには高龗が、自分を見つめ直し内面から成長したいときには闇龗が、部下の龍を使って後押しをしてくれます。

どちらの龍神とご縁を結べばいいかは、自分の状態や人生のタイミング、願い事によって変わってきます。

縁結びで有名な「九頭龍」の意外すぎる本当の役割

一時期、箱根の「九頭龍《くずりゅう》神社」には、縁結びのパワースポットとして、恋を成就させたい大勢の女性が押し寄せました。

じつは、**九頭龍は正確には「宇宙神」**と呼ぶほうがふさわしい龍神界の超

大物です。

あえて高龗、闇龗と比べたときトップは誰かといえばこの九頭龍でしょう。九頭龍は、文字通り9つの頭を持ちます。地球を覆うほどの大きさがあり、人間とは比べものにならないスケール感で存在しています。

あまりにもエネルギーが大きいため、地球にやってくるときは小さなサイズにスケールダウンしてくるほどです。

それでも、九頭龍が移動するのは特別な聖地のみ。**個人の運気に関わるというよりも、地球全体を統括する龍神**なのです。

でも九頭龍には、部下となる龍神がたくさんいます。ですから、地球上の広い範囲で影響を与えられることに変わりはありません。

ちなみに、**縁結びの御利益については、九頭龍以外の存在が動いている場合がほとんど**です。九頭龍の祀られた神社や聖地には、他の龍神や神様もたくさんいらっしゃいます。そんな存在たちが参拝者の願いをキャッチして後押しした結果、新たな縁が結ばれるケースが多いのです。

龍が活発に動きはじめているので今後はわかりませんが、九頭龍そのものは基本的に単体としては人に関わりません。

もし、九頭龍にご縁のある神社や聖地を訪れる場合は、**「地球や世の中のために、自分にできることをさせてください」という大きな志について祈る**ことをおすすめします。

青龍、紅龍、白龍、黒龍……さまざまな龍の種類と役割

私が龍から教えてもらった分類をお教えしましょう。

龍の個体によって色の濃さはまちまちですし、このほかにも黄龍などさまざまな龍がいますが、ここでは主な龍の種類をご紹介します。

龍は、大きく2つのグループに分けられます。高龗の管轄する「天龍」と、

闇竈の管轄する「地龍」です。

天龍は、天に向かって拡散していくエネルギーをもち、地龍はそのエネルギーを大地（土地）に広げていきます。

各グループの分類は次の通りです。

✳高竈の管轄する龍【天龍】　青（緑）龍→白龍→金龍・銀龍
✳闇竈の管轄する龍【地龍】　紅龍→黒龍→金龍・銀龍

矢印が進むほど、龍の格が上がり、天龍、地龍の区別はなくなって「金龍」「銀龍」と呼ばれる存在になっていきます。

格が上がると、その分**使えるエネルギーが大きくなり、影響を及ぼす範囲が広くなる**ととらえてください。明るさにたとえると、格が高くなるほどワット数が大きくなり、広い範囲を照らせるというイメージです。

また、格下になればなるほど、外見は蛇に近づき、格上になるほど光に満ち神々しくなります（このほかに、光そのものとなって存在する「光龍」もいます）。

天龍の得意なことは、**出会い運や仕事運など、自分の外界に関することをよくすること**です。たとえば次のようなことです。

✳未来や外界に対する願いをかなえる（○○が欲しい、○○になりたい、○○に行きたい、○○したい、○○に会いたいなど）
✳人とのコミュニケーションを調整する
✳未来にワープして望む現実に変え、そこに人間をひっぱっていく

一方、地龍の得意なことは、**人間の肉体や内面に影響を及ぼし、現在に変化をもたらすこと**です。たとえば次のようなことです。

✳心や体を整える（肩こり・疲れなど体のケア、アンチエイジング、ダイエット、やる気のなさや落ち込みの改善など）
✳人間が生活する基盤を作る
✳エネルギーを浄化する
✳現在の状況や流れを変える

地龍は、地球上をグルグル動き回り、血液やリンパ液を循環させるようにエネルギーを巡らせています。それが、いわゆる「龍脈」です。

『まんが日本昔ばなし』『ドラゴンボール』の龍と仲良くなる

大きさも色も、存在感もさまざまな龍が存在する中、これから、あなたが

「龍使い」として**最初に仲良くなるのは、もっとも身近な「青龍」（天龍）と「紅龍」（地龍）です。**

有名なテレビアニメ『まんが日本昔ばなし』のオープニングに出てくる男の子を乗せた龍や、『ドラゴンボール』の神龍《シエンロン》をご存じですか？

実物はもっと強いエネルギーを放っていますが、青龍、紅龍の姿はあの龍たちをイメージしていただくのが近いかもしれません。

まずは、この龍たちとコンタクトをとりましょう。

もともと、格上の龍と特別なご縁を結んでいる方も、なかにはいらっしゃいますし、龍とのつながりが強くなれば、格上の龍がやってきてくれる場合も少なくありません。**あなたの成長次第では、金龍や銀龍がサポートしに来てくれることもあります。**

でも、龍とおつきあいをスタートさせるときは、一番身近に人間をサポートしている青龍、紅龍が強い味方になってくれるでしょう。

これから、青龍と紅龍に願いを届けるために、2種類のイメージワークをご紹介します。龍に願いを届けるには、龍とのコンタクトスポットや部屋で祈るだけでも十分ですが、このワークではイメージの力を使って、さらに確実に龍とコンタクトをとっていきます。

願いをかなえるための「青龍のイメージワーク」

青龍は、人間の願いをかなえるために未来へ飛んで采配をふってくれます。
その青龍にあなたの願いを託し、望む未来に連れていってもらいましょう。

青龍に願いを届けるイメージワーク

①立っても座っても大丈夫なので、肩の力を抜き、リラックスして目を閉じる

②ヘソの下にある丹田を意識する

丹田には和魂《にぎみたま》がありますが、その和魂に上半身がしっかり乗っているとイメージしましょう。

③口から息を吐き出す

このとき、丹田（和魂）から呼吸しているとイメージしてください。もう吐き切れないと思ったところで、両手でグッと下腹を押しましょう。すると、さらにしっかり息を吐き切ることができます。

④息を丹田まで届けるイメージで思いきり吸い込む

息を吐き切ったあとは、特に意識しなくても自然に空気が鼻から入ってきます。

⑤体内の空気をすべて入れ換えるつもりで、もう一度③、④を繰り返す

このプロセスは2回おこなえば十分です。それ以上おこなうと呼吸が乱れるので注意しましょう。

⑥青龍が天から舞い降りて、頭頂部から体の中に入るのをイメージする

龍の大きさはあなたの好みで決めてかまいません（ただし、体内に入る大きさにしてください）。

⑦体内に入った龍がスーッと降りて、丹田（和魂）をしっかり通り抜けていくのをイメージする

⑧龍が下半身をゆっくり通り抜け、足の裏から出ていくとイメージする

このとき、両足をひとつの存在としてとらえれば、龍が足の裏から出ていくイメージをもちやすいでしょう（足の裏から出たあとの行き先については、この時点で意識する必要はありません）。

⑨あらかじめ紙やノートに書いておいた願い事を読み上げる（168ページ参照）

胸の中央を振動させ、胸の中央にある直霊《なおひ》に届けるつもりで読んでください。願いをハートに響かせるようなイメージで読むといいでしょう（願い事は書き出していなくても可。また、声に出して読み上げたほうがしっかり伝わりますが、心の中で唱えるだけでも願いを届けることはできます）。

⑩龍が空に飛び立ちそのエネルギーが空じゅうに広がるのをイメージし、

目を開ける

ワークの余韻にひたりたいときは、しばらく目を閉じていましょう。**このワークを繰り返し続けていくと龍があなたの感覚を磨いてくれる**ので、目を開けるタイミングは自然にわかるようになります。

このワークは、基本的に**ひとつの願いにつき一回**おこなってください。ただし、願いがかなうまで1か月以上かかりそうな場合は、1か月後の状況に合わせ、再度ワークをおこないましょう。

もし、順調に願いに向けて進んでいると感じる場合は、龍に感謝を送りつつ、Chapter 4を参考に日常生活を送れば大丈夫です。

青龍は出会い運を高めてくれるので、買い物の前にこのワークをおこなうとよい出会いがあり、予想以上に満足できる買い物が可能です。

また、異業種交流会や婚活パーティ、合コンの前におこなえば、いい出会いを引き寄せられます。

心身をケアするための「紅龍のイメージワーク」

紅龍は私たちの生活基盤を整え、ネガティブなエネルギーを浄化する力をもっています。

疲れやストレスなど、不要なものを龍にもっていってもらい、イキイキとした心と体を取り戻しましょう。

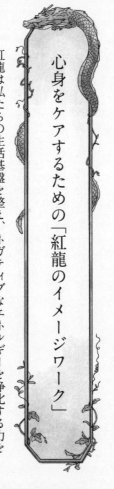

①青龍のイメージワーク①〜⑤（206ページ）をおこなう

②大地からやってきた紅龍が足の裏から体内に入り、ふくらはぎ、太もも、腰……と、上に向かってゆっくり昇っていくのをイメージする

2本の足をひとつの存在としてとらえ、「足の裏」をきちんと意識しましょう。紅龍が体内を昇るときは、青龍のワークより速度を落とし、丁寧にイメージすることがポイントです。

③目、肩、腰など、特に疲れている部分は、龍が通過する際に速度をさらに落とす

心にわだかまりや悩みがある場合は、胸のあたりで速度を落としましょう。ワーク中に、龍の速度が遅くなったと感じる部分があるかもしれません。そこは、体のエネルギーの流れが詰まっている場所です。自覚症状がなくても、エネルギーが滞っていることがあります。そんな場合は無理に速く通そうとせず、そのままゆっくり通過させてください。

④頭頂部まで昇ったらUターンし、龍が足元までゆっくり降りていくイメージをする

このとき、嫌なエネルギーや不要になったエネルギーを、すべて龍がもっていってくれるとイメージしましょう（③と同じように、気になる部分や癒したい部分は特にゆっくり通過させてください）。

⑤足の裏から龍が大地へと出ていく姿をイメージし、目を開ける

このワークをおこなうのは、一日一回で十分です。

疲れがたまっているのにやるべきことが山のようにある。ストレスを解消したい。また、自分の内面を探りたいときや悩みごとを解決したいときにもおすすめです。

ネガティブな感情を龍がもっていってくれるので、スッキリした状態が長続きするでしょう。

肩こりや頭痛、むくみや冷えなど、継続した不調がある場合は、1週間ほど続けると症状が軽減するはずです。

エステやリンパマッサージなどの前に、このワークをおこなうと施術の効果がアップし、終了後にもおこなえば効果が長く継続します。また、大事な旅行や行事の前などにおこなうと、心身のエネルギーが整い、万全の態勢で臨めます。

嫌なことが起きて気持ちがムシャクシャしたり、悩みごとでもんもんとしたりしているときは、気分がスッキリするまで数回おこなっても問題ありません。

基本のワークで体のエネルギーが変わると、気分はスッキリとリフレッシュします。でも、頑固な感情や思い込みは、またぶり返してしまうこともあるものです。そんなときは、「超強力スパイラルバージョン」を試してみてください。

スパイラル（らせん）を描くことで、紅龍のパワーを何倍にも増幅させる方法です。

基本の手順は同じ。違いは、**紅龍がらせんを描いて移動するとイメージする**点です。足の裏から入り、頭頂部で折り返してまた足の裏から出ていくまで、らせんをグルグル描きながら紅龍を動かしていってください。

疲れがたまっている部分や感情のしこりがある胸では、特に丁寧に紅龍を通過させましょう。龍がらせんを描きながら移動する様子を感じると、体の中でダイナミックにエネルギーが動くのがわかるでしょう。

超強力スパイラルバージョンは、神社参拝へ行く前におこなうと、**御神気をたくさん受け取ることができます。**

出会いには青龍・自分を変えるには紅龍

このイメージワークは、両方続けておこなってかまいません。

自分にどちらのワークが必要か迷う場合は、何度か試してみてうまくいったと感じるほう、その後の変化が感じられるほうを続けてやるといいでしょう。どちらのワークをやったとしても、あなたがよい状態になっていくことに変わりはありません。

使い分けの具体例を2つご紹介しましょう。

たとえば、2年後に海外留学したいという夢があったとします。

そのための**いい出会いを引き寄せたいなら青龍に、語学習得やスキルアップをしたいなら紅龍**にお願いしましょう。

また、結婚の夢をかなえたい場合は、**パートナーとの出会いは青龍が、自分自身を魅力的に変えるには紅龍**が力を貸してくれます。

龍に願いを届けるときに大切なのは、イメージ力です。ワークをおこなう際には、龍の姿をありありと、できるだけ細部までイメージしてください。

「イメージするのは、苦手だな」というあなたでも、いままで龍の絵やイラスト、置物、CG映像などを見たことはありますよね。珠《たま》を手にして飛ぶ日本画の龍、寺社や中華街などで見かける龍、アニメや漫画に登場する龍……。

目を閉じて、いままで見た中であなたの好きな龍を思い出してください(ただし、羽のある西洋のドラゴンではなく、細長い東洋の龍にしてください)。

もし、どうしても龍がイメージできない場合は、この本の龍をモデルに、青龍か紅龍をイメージしましょう。

「私、イメージ力がないんです」とおっしゃる方がたまにいらっしゃいます。

でも、イメージする能力がない人はいないので、心配は無用です。

試しに、いまこの場で「足の裏」を意識してみてください。

足が体を支える感触、足裏や指が床や靴に当たっている感触、足の冷えやほてり……。それまで気づかなかったいろんな感覚がわかるのではないでしょうか。

次に、いま聞こえてくる「雑音」に意識を向けてみてください。突然、車の音や人の話し声、風音や鳥の声などが耳に飛び込んでくるでしょう。

見たいもの聞きたいものに**意識を向けることで、とても敏感にその存在を察知し、感じ取ることができます**。それが、イメージの力です。

意識を向けることで、あなたがイメージしたい龍を、まるでそこにいるかのように想像することができるでしょう。

イメージワークは、繰り返せば繰り返すほど上達します。慣れないうちはむずかしいと感じるかもしれませんが、何度もおこなうことで手順がわかり、スムーズにできるようになるはずです。たとえば、キャベツの千切りやリンゴの皮むきをはじめてやるとき、最初は誰でもぎこちないですよね。でも、何度もやるうちにコツがわかって、そのうち上手にできるようになりますね。イメージワークも同じです。

さらに**このワークでは、龍もサポートしてくれます。**龍という頼もしい「相方」がいると考え、ワークを楽しみましょう。

全国主要龍神スポット～各地域を司る龍神～

格の高い龍である龍神は、神社や聖地にいることが多いのが特徴です。**神社の龍神は、龍たちにとって上司のような存在**です。その龍神にあいさつすることで、青龍や紅龍との縁を結びやすくなる効果もあります。

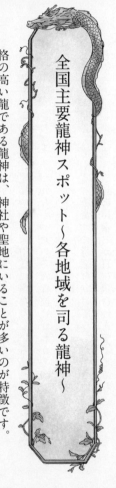

まずは、**各地域の龍神と、その龍神にまつわる神社**をお伝えします。また、222、223ページの図にも、より身近な龍スポットを挙げました。「行きたいな」と感じる場所に、あなたを待っている龍神や龍がいます。ご紹介しますので、どうぞ機会を作って参拝してください。

戸隠龍神　信州は戸隠《とがくし》を拠点とする。天岩戸を磐座《いわくら》として守る龍神である。魂の奥底から天命に作用する。

【戸隠神社／長野県】

箱根龍神　神奈川県箱根、主に芦ノ湖《あしのこ》に住む龍神。関所としての箱根の土地柄を生かした、龍神世界と人間世界の架け橋となる。

【箱根神社／神奈川県】

江の島龍神　神奈川県江の島に住む龍神。江の島と富士山をつなぐ龍脈を司る。勇気と力強さを喚起する。

【江島神社／神奈川県】

十和田龍神　本州の北、青森県と秋田県にまたがる十和田湖周辺を中心とした龍神。感性を豊かにするサポートをする。幸せを感じたり、対人関係を深めたりしたいときに。【十和田神社／青森県】

吉野龍神　奈良の奥宮である吉野を中心とした龍神。古来より吉野は隠れる者を拒まず受け入れてきた。吉野龍神の力を借りて新天地へ行く。【丹生川上《にうかわかみ》神社／奈良県】

霧島龍神　九州の要の龍神のひとつ。霧島連山を中心とした龍神。必要な限りの霊性を高める。【霧島神宮／鹿児島県】

出雲龍神　島根県の東、出雲《いずも》地方を管轄する龍神。さまざまなジャンルのご縁つなぎとなる。【出雲大社／島根県】

貴船龍神

京都の奥宮、貴船を主とする龍神。奈良の奥宮である吉野の龍神とのつながりが深く、それぞれの場所を龍脈で結ぶ役割をもつ。

【貴船神社／京都府】

琵琶湖龍神

日本最大の湖、琵琶湖《びわこ》に住む龍神。畿内の龍脈と関連が深く、特に貴船龍神との連動が京の都の地運に影響を及ぼす。

【竹生島《ちくぶしま》神社／滋賀県】

中部
・浅間神社
・金櫻神社
・夫婦木《めおとぎ》神社
・氣多《けた》大社
・白山
・伊豆山神社
・富士山本宮浅間大社
・北口本宮冨士浅間神社
・諏訪大社
・弁天島
☆戸隠神社／長野県
北海道
・樽前山《たるまえさん》神社
・屈斜路湖
・摩周湖
・大雪山
・北海道神宮
・龍宮神社
東北
・金華山
・岩木山神社
・鹽竈《しおがま》神社
☆十和田神社／青森県
関東
・香取神宮
・氷川神社
・今宮神社
・三峯《みつみね》神社
・日光
・湯島天神
・多摩川浅間神社
・鶴岡八幡宮
・品川神社
・清瀧神社
・浅草寺
・大山
☆江島神社／神奈川県
☆箱根神社／神奈川県

全国主要「龍」スポット

☆は特に格の高い龍神を祀る神社

関西

- 竹生島
- 大神《おおみわ》神社
- 春日大社
- 神泉苑
- 椿大神社《つばきおおかみやしろ》
- 籠《この》神社
- 出雲大神宮
- 龍田大社
- 日吉大社
- 熊野那智《くまのなち》大社
- 玉置神社

☆ **竹生島神社／滋賀県**

☆ **丹生川上神社／奈良県**

☆ **貴船神社／京都府**

中国

- 宮島
- 美保神社
- 白兎《はくと》神社
- 須佐神社
- 赤間神宮
- 住吉神社
- 日御碕《ひのみさき》神社
- 沼名前《ぬなくま》神社

☆ **出雲大社／島根県**

九州

- 龍宮神社
- 東霧島《つまきりしま》神社
- 霞《かすみ》神社
- 鵜戸《うど》神宮
- 阿蘇《あそ》神社
- 屋久島

☆ **霧島神宮／鹿児島県**

四国

- 金刀比羅宮
- 大山祇《おおやまづみ》神社
- 大麻比古神社
- 石鎚神社

沖縄

- 斎場御嶽《せーふあうたき》
- 瀬長島
- 天つぎあまつぎの御嶽

龍ともっとつながるための神社参拝法

気になる神社や聖地は見つかりましたか？
それでは、次に基本的な参拝の手順をお話ししましょう。

参拝の基本

①「お邪魔します」という気持ちで一礼して、鳥居をくぐる

鳥居は、神様の応接室に入る玄関だと考えます。

②参道を通り、お手水《ちょうず》舎《や》で手と口を清める

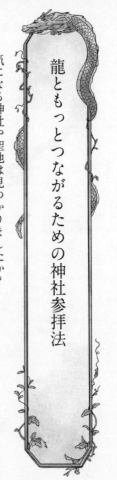

お手水舎は、心身に宿った俗世の汚れを祓《はら》ってもらう場所。汚れていたり、水が張られていなかったりする場合は、お手水舎の前で合掌し「お祓いの神様、よろしくお願いします」と唱えればＯＫです。

③拝殿の前に立ち、お賽銭《さいせん》（コイン）を滑り入れるようにして差し上げる

お賽銭は人から借りないこと。持ち合わせがない場合は省略も可。

④ごあいさつとして、二礼二拍手一礼をする

鈴がある場合は、事前に鈴を鳴らす。

⑤合掌する。このとき、親指をクロスさせる

左手が神様、右手が人間を表す。合掌には、両方合わせて和合するという意味があり、親指をクロスさせるのは、自分の中にある神性と人間性を合わせるという意味も含まれる。親指はどちらが上でもよい。

⑥**中指を自分の向けたいところに向け、そこに目線を合わせる**

拝殿に鏡があれば鏡に、もし扉が閉まっていれば扉に向けてもよい。空や地面など、ほかに気になる場所があればそこに向ける。参拝は龍神とコミュニケーションをとる場なので、目をしっかり開けることがポイント。目を向けたところに、龍神が来てくれる。

⑦**胸の中心を意識しながら、「住所、名前、生年月日、干支《えと》」を心の中で言う**

誕生日が立春前の場合は、生まれ年の前年の干支を言います。二度目からは省略して大丈夫です。

⑧**「今日は参拝をさせていただきました。○○神社にいらっしゃる龍神**

様方、コンタクトをとらせていただきます。今日はここに来られてうれしいです」とあいさつ

より丁寧に参拝したい場合は、「龍神様方、神様方」と言ってもいいでしょう。すると、その分たくさんの神様に呼びかけることができます。旅先の小さなお社などで神社名がわからない場合は「こちらの神社」でOK。あいさつできる喜びを伝えることが目的なので、細かな文言はアレンジしても大丈夫です。

⑨お願い事をすべて伝え、「自力を発揮しますので、他力の後押しをお願いします」と伝える

⑩感謝の気持ちを込めて、二礼二拍手一礼する

⑪すぐに帰らず、御神気をいただくつもりで境内を散策する

気になる場所で祈ったり、青龍、紅龍のイメージワークをおこなったりするのもおすすめ。

⑫鳥居を出たら境内に向き直り、お礼の気持ちを込めて一礼する

この手順は、神社に参拝する際の基本です。

基本以外の細かな部分については、ご自分の判断で変えても問題ありません。自主性を発揮して行動することが成長につながる側面もあるので、**自分自身が心地よいと感じる小さな選択を積み上げることも、龍神は評価します。**

一般的には、「参拝では参道の端を歩くように」ともいわれていますが、複数で行くカジュアルな参拝や初詣やお祭りなど混雑しているときは、これにこだわる必要はありません。**「参拝は楽しく」が神様や龍神とコミュニケーションするコツ**です。

ただし、大きな願いをかなえるために行くフォーマルな参拝では、厳かな気持ちで参道の端を歩くといいでしょう。神様自身も、神事がある場合には参道の中央を移動しますが、普段は必ずしも参道を通られるわけではありません。

授与所でお守りをいただく（購入する）と、御神気をあますことなくもって帰れます。**お守りが、神社の御神気を入れた「酸素ボンベ」のような役割を果たすのです。**お守り袋に龍の絵が描かれていれば、それがシンボルとなり龍の力を招きます。

しかし、龍が描かれていれば何でもいいわけではありません。好きな色やデザインなど、持っていてモチベーションやテンションが上がるお守りを選びましょう。

お守りと人間にも相性があります。人間側が**引かれるお守りでなければ、その効力はいまひとつ発揮されない**のです。

もし気に入ったお守りがなければ、参拝してご縁だけ結ぶことで十分です。

よいタイミングで龍に呼ばれるときがある

龍が望んでいるのは、無理してお参りに来てもらうことではありません。あなたが現実生活にしっかり向き合い、その中で成長することです。それを優先してください。

さまざまな事情で参拝に行けないとき、「行けないこと」にフォーカスして現実に集中できなくなるのは、本末転倒です。

龍や神様は、人間の状況をよくわかっています。けっして参拝を無理強いすることはありません。

また、**龍とのコミュニケーションはどこでもとれます。**日頃から龍を意識しながら、一生懸命やるべきことに向き合いましょう。そうすると、龍とのきずなが深くなり、状況の好転や、さらなる開運につながります。

すぐに参拝できないときは、「状況が調ったら行こう」という気持ちで下調べをしておきましょう。その姿勢があればいいのです。

「いつかこの神社に行きたいな」「この龍神様とご縁を結びたいな」と思いながら、神社やその土地について調べていると、龍もそれを察知して喜びます。

逆に、日常でやるべきことを放り出して神社に行こうとすると、「いまは来ないほうがいい」というサインが来ることもあります。宿や交通機関の予約がなかなか取れなかったり、用事が急に入ったりするのです。

しかし、現実生活でがんばっていると、そのうち**必ず龍がタイミングを見はからい、参拝をアレンジしてくれます。**

行きたいと思っている神社の近くに用事で行くことになったり、忙しい日常の中で急に時間ができて参拝できることになったり……。そんなときは、**まるでレッドカーペットが敷かれるようにタイミングが合い、宿や交通機関の予約がスムーズに取れます。**

時間を工面してやっと実現する一回の参拝には、特別な価値があると思ってください。「やっとお参りすることができた！」という喜びや、「せっかく来られたのだから、じっくりお参りしよう」という気合いが龍神にも伝わり、一回のお参りの価値がグッと上がるのです。

そんなときは、きっと心から喜びやうれしさが湧いてくるような、密度の濃い体験ができるでしょう。

Epilogue

龍の時代になったいま必要なこと

龍神からのこの本の読者へのメッセージ

ようやく、あなたが「龍使い」として巣立っていくときが来ました！

あなたは、これから始まる龍との旅にワクワクしているでしょうか？

それとも、「私に龍が力を貸してくれるのかな⁉」と、少しドキドキしているでしょうか？

巣立ちのときは、誰でも少し不安かもしれませんね。

でも、彼らの力を借りたいときはいつでもコンタクトできますから、**どう**

ぞ「龍使い」としての人生を思いきり楽しんでください。

なにしろ龍は私たちと関わりたくて、いま人間の「争奪戦」がおこなわれているといってもいい状態なのですから。

私はクライアントの皆さまをお連れして、日本全国のさまざまな聖地を訪れます。

先日屋久島に行った際に、いま私自身が乗っている龍神から、この本の読者に対してこんなメッセージを受け取りました。

「この本で、龍についての適切な知識を身につけてほしい。そして、自分自身がもつ可能性を信じ、それを活用し、龍とともに社会貢献をおこなっていく人材になってほしい」

龍は、私たちにとても期待しているのです。

私には、その期待がひしひしと伝わってきました。

そして、龍の時代に突入したこのタイミングで、この本を世に送り出せることの素晴らしさに感謝したのでした。


龍たちは、あまりに大きなエネルギーをもっているため、これまで人々から誤解され、ときには悪者扱いされることもありました。

この本が、本当に龍について知っていただくきっかけとなることで、多くの皆さまと龍との協力関係が生まれると思います。

新しく、龍と私たちの時代が始まることを考えると、うれしくて仕方ありません。

「見える世界」と「見えない世界」の力で走り出そう

多くの龍が人と深く関わりはじめる時代に、私は生を受けました。

そして、これまでの人生で私自身も龍と深く関わり、また、このように本を出したりセミナーをおこなったりして、龍の世界をお伝えしてきました。

私がいま、このような活動をおこなっていくことで、**龍と人とがともに助け合って働き、新しい世界を築いていくための一助になれば**と思っています。

龍の時代になったいま、一番変わったことをひとつだけ選ぶとしたら、「見える世界」と「見えない世界」の距離が縮まっているということです。

人間の自力だけで生きている人生は、片足でケンケンしている状態です。

いままで私たちは、その生き方でもどうにかやってこられました。

しかしこれからは、**見えない世界からの他力を借り、両足で駆け出す時代**です。

見えない世界から来る他力を借りられるので、思ったことがたちまち現実化し、行動の結果がすぐ現れます。

かなえたい未来に向かって走りはじめるあなたの後押しをしたくて、いま龍がすぐそばに来ています。

さあ、彼らの背に乗って、あなたの夢をどんどんかなえましょう!

最後になりますが、この本がひとつのエネルギーとして形になり、多くの皆さまにお届けできることをうれしく思うとともに、ご尽力いただいた「見える世界」と「見えない世界」のすべての方々に感謝いたします。

ご縁に感謝。愛を込めて。

大杉日香理

＊編集部注：
「龍使い®」は著者の登録商標になっています。
カバー及び本文中では、著者の了承のもと
都度のマーク記載は省略させていただいています。

本書は二〇一六年二月に小社より刊行された単行本の表記や表現などを一部改訂したものです。

本文中の肩書き・データなどは刊行当時のものです。

サンマーク文庫

「龍使い」になれる本

2023年8月1日　初版印刷
2023年8月10日　初版発行

著者　大杉日香理
発行人　黒川精一
発行所　株式会社サンマーク出版
東京都新宿区北新宿2-21-1
電話03-5348-7800

フォーマットデザイン　重原 隆
本文DTP　山中 央
印刷・製本　共同印刷株式会社

落丁・乱丁本はお取り替えいたします。
定価はカバーに表示してあります。

ISBN978-4-7631-6143-7　C0139

ホームページ　https://www.sunmark.co.jp